VITE ITAL
DODICI CONVERSAZIONI CON ITALIANI

In this companion volume to *L'Italia verso il Duemila*, Ugo Skubikowski provides a glimpse of authentic Italian life through the presentation of twelve interviews with Italians who speak candidly about a wide range of experiences. Intended as a text for students in second-year university and beyond, *Vite italiane* brings together discussions with Italians from different regions and backgrounds. Among those interviewed are a recent university graduate, a widow raising a young daughter as a single mother, a high school teacher who has traded her leftist political activism for a new, more moderate approach, and a successful, ambitious restaurateur. Supplemented by oral and written exercises and other pedagogical tools, the texts provide a fascinating and varied picture of life in Italy as experienced and described by Italians themselves.

(Toronto Italian Studies)

UGO SKUBIKOWSKI is a professor in the Department of Italian at Middlebury College.

Vite italiane
Dodici conversazioni con italiani

Ugo Skubikowski

UNIVERSITY OF TORONTO PRESS
Toronto Buffalo London

© University of Toronto Press Incorporated 2005
Toronto Buffalo London
Printed in Canada
Toronto Italian Studies

ISBN 0-8020-4887-0

Printed on acid-free paper

Library and Archives Canada Cataloguing in Publication

Skubikowski, Ugo
Vite italiane : dodici conversazioni con italiani / Ugo Skubikowski.

(Toronto Italian Studies)
ISBN 0-8020-4887-0

1. Italian language – Textbooks for second language learners –
English speakers   I. Title.   II. Series.
PC1129.E5S58 1997   458.2′421   C2005-905392-5

All photographs courtesy of Ugo Skubikowski.

University of Toronto Press acknowledges the financial assistance to its
publishing program of the Canada Council for the Arts and the Ontario Arts
Council.

University of Toronto Press acknowledges the financial support for its
publishing activities of the Government of Canada through the Book
Publishing Industry Development Program (BPIDP).

This book has been published with the generous support of the Faculty
Development Fund of Middlebury College.

Sommario

Prefazione

In an earlier textbook – *L'Italia verso il Duemila* (University of Toronto Press, 1997) – I included an interview in Italian with a small businessman, the owner of a cheese factory near Caserta which produces mozzarella. Besides being an 'inside look' into an emblematic Italian product (whose interesting history is largely unknown), our conversation highlighted the man's struggle to remain competitive and preserve the authenticity of his product against growing competition from multinational companies that undersell him and have appropriated the name 'mozzarella' for cheeses that bear no resemblance to his authentic product. A class discussion of this interview typically questions the desirability of a dominant economic model and elicits debate on a significant topic that transcends national boundaries. But beyond its role in showing an important economic issue facing Italy (and the rest of the world), the topic is also well suited for practising conversation and advanced language functions in Italian.

I was encouraged by the positive comments on that chapter from both colleagues and students who have used *L'Italia verso il Duemila*, and I thus decided to devote an entire book to interviews with Italians. For *Vite italiane* I have selected twelve interviews from many that I recorded over several years: Italian men and women from north to south, young and old, from different social classes, who speak about their life experiences. Among them, a recent university graduate describes the challenges posed by the Italian university; a widow speaks of raising a young daughter as a single mother and of her disappointing loss of a teaching position to bureaucratic restructuring; a high school teacher recalls her leftist political activism and defends her new, more moderate approach; a restaurateur shares the challenges he has faced in achieving success; an antique dealer reveals his passion for his profession, which he sees in part as a calling to preserve an artistic patrimony; a TV director (one of the first Fulbright scholars) reminisces about his

American experience and how Italy has changed since the early fifties; a high school student provides an inside look at the advantages and disadvantages of a highly competitive *liceo classico*; a Second World War veteran recalls life in a German concentration camp; an artist recreates the artistic ambience that formed him in prewar Florence. These and other interviews provide a compelling and varied portrait of Italy as experienced and retold by Italians themselves, at the same time that each speaker reveals a distinct personality.

The book promotes an integrated, four-skills approach to advance reading, speaking, writing, and listening, while reviewing and practising grammar, particularly the more difficult forms. To facilitate comprehension and limit dictionary use, difficult words or expressions are glossed in Italian, and English equivalents are kept at a minimum. One or more 'Schede di cultura' – a note on an important cultural point presented in the conversation – precedes each chapter. Three sections of exercises follow each interview:

I. *Rispondere alle seguenti domande*, comprehension questions;
II. *Suggerimenti per elaborazioni orali o scritte*, four or more suggestions for discussion or for writing short papers, including topics for debates, 'creative' narratives inspired by the interview, and one role-play exercise;
III. *Esercizi*, four or more grammar-review exercises keyed as much as possible to the language and content of the chapter. Flexibility is built in so that the instructor can choose to use all or part of the variety of exercises provided, according to course goals and time constraints, or present the chapters in a different order to follow particular review needs.

I have edited the interviews to remove redundancies normal in conversations and to amend occasional colloquialisms that clash with standard grammar use. For obvious reasons I have abridged some or preferred to concentrate on one topic of longer, wide-ranging conversations. My intervention, however, has been kept to a minimum.

I would like to express my sincere gratitude to my Italian friends who have been so generous with their time and who have put up with questions and conversations that were at times difficult, especially Stefano Barbieri, Piero Fattorini, Giancarlo Girard, Dania Scarfalloto Girard, Lelio Golletti, Carla Leoni, Bianca Morozzi, Giulia Pagliai, and Rita Tassinari. I regret that I had to choose among many interesting conversations and that I was not able to include them all. I would also like to thank my colleagues at Middlebury College, who have been the source of many valuable improvements: Sandra Carletti, David Castronuovo, Natasha Chang, Tom Van Order, Patricia Zupan, Daniela Ramadani, and especially Ilaria Brancoli Busdraghi and Stefano Mula for their great care in reading the manuscript. The credit for so skillfully cropping, enlarging, cutting, and arranging my images for the cover goes to Scott Witt, Digital Media Support Specialist at Middlebury College. Finally, I would like to express my gratitude to Carol Rifelj, Dean for Faculty Development at Middlebury College, for her encouragement, and to acknowledge the generous support from the Middlebury College Faculty Development Fund.

My past students have provided me with the stimulus and the challenge to seek new ways to help them learn the language and culture of Italy. I look forward to my future students' contribution to making teaching and learning Italian an even more enriching, rewarding experience.

VITE ITALIANE:
DODICI CONVERSAZIONI CON ITALIANI

Prima conversazione: Giulia

GIULIA *ha da poco finito il primo anno del liceo classico. Ecco le sue esperienze nella scuola italiana e qualche suo giudizio.*

SCHEDA DI CULTURA: Il sistema scolastico in Italia.

La scuola in Italia prevede tredici anni di studio: cinque di elementari, tre alle medie e cinque di medie superiori. Per accedere alle medie superiori bisogna dare un esame di stato, che può essere ripetuto una seconda volta se non viene superato la prima. Con la licenza media si continua alle medie superiori (il liceo), e bisogna scegliere l'indirizzo:[1] scientifico, classico, linguistico, tecnico, conservatorio di musica, o accademia di belle arti (e ci sono istituti che offrono altre specializzazioni). In Italia, dunque, non si insegna un po' di tutto come nelle scuole nordamericane. Inoltre, la giornata scolastica finisce all'una e mezzo, e spesso si va a scuola anche il sabato. Per conseguire il diploma dalle medie superiori bisogna superare l'esame di maturità, anche questo preparato da commissioni statali.

Alla fine delle scuole medie c'è un esame statale per accedere alle medie superiori[2] che dura diversi giorni. Pensi sia utile questo esame?
No, secondo me non serve per niente, non c'è motivo perché il rendimento[3] degli alunni già si è visto durante l'anno. È come la maturità[4] alla fine del liceo: è solo una sofferenza per la tensione.

Pensi che sia un modo per selezionare meglio gli studenti che hanno veramente intenzione di studiare? Cioè, se lo superi vai avanti.
In teoria sì, però penso che raramente vengano bocciati[5] se sono am-

---

[1] specializzazione; [2]Cinque anni di scuola media superiore seguono cinque anni di elementari e tre anni di scuola media; [3]se vanno bene o male a scuola; [4]La maturità è l'esame finale per conseguire il diploma. Quando si supera l'esame, lo studente viene giudicato 'maturo,' anche per proseguire gli studi; [5]Essere bocciati significa non passare un esame o una prova scritta. Si può ripetere la terza media solo due volte per poter continuare alle scuole superiori

messi all'esame. Magari per l'università avere un punteggio più alto alla maturità serve se c'è il numero chiuso.[6]

Una volta conseguita la licenza media,[7] si ha una scelta di indirizzo per le medie superiori?
Fai la preiscrizione a febbraio, quindi devi decidere cosa fare. C'è l'indirizzo umanistico, quello scientifico, poi linguistico; c'è ragioneria, istituti tecnici, istituti alberghieri.[8] È sempre difficile scegliere. A tredici anni, nella terza media, non hai la minima idea di quello che vuoi fare dopo.

Se la scelta non risulta idonea[9] alle proprie capacità o interessi, si può cambiare?
Sì, ti puoi ritirare, aspettando la fine dell'anno. Però perdi un anno.

Ti ha aiutato qualcuno nella tua scelta?
No, nessuno mi ha influenzato, sono andata per esclusione: ragioneria no, non mi interessava; matematica non mi piace; istituti tecnici neanche per sogno. Quindi sono andata al classico soprattutto per non dover fare molta matematica. Al classico studio latino, greco, italiano – cioè grammatica e letteratura, Ottocento e primo Novecento. Poi faccio storia antica greca e romana fino al medioevo, geografia dei continenti extra-europei, ma alla professoressa non interessa la geografia ...

Come non le interessa?
Non ce la spiega, racconta un po' i testi.

Allora cosa hai imparato della geografia?
Geografia fisica, culture. Dell'America abbiamo imparato la storia, l'economia.

Altri corsi che bisogna seguire?
Educazione fisica, poi religione, che è facoltativa.[10] Alcuni professori veramente insegnano storia delle religioni. Noi invece più che altro chiacchieravamo di problemi, guardavamo dei film. Poi ci sono due ore alla settimana di geometria, arte e inglese.

---

[6]Significa che il numero di studenti che possono iscriversi è limitato; [7]Si finisce la scuola media e si può continuare nelle medie superiori; [8]Si ricordi che le scuole medie superiori in Italia hanno indirizzi specializzati. Non si potrebbe ad esempio studiare disegno tecnico al liceo classico; [9]giusta, appropriata; [10]Si può scegliere se seguire il corso.

Cosa leggete di letteratura italiana?
In terza media abbiamo fatto Illuminismo[11] e Romanticismo. Poi si ripete un po' quello che abbiamo fatto nelle medie però in maniera più approfondita. Nel primo anno di liceo abbiamo fatto i poemi omerici, *L'Iliade* e *L'Odissea*, poi facciamo *I Promessi sposi* [12] e ci danno un libro al mese da leggere: *Candido*,[13] *I Dolori del giovane Werther*,[14] *La ragazza di Bube*,[15] *La luna e i falò,* [16]*Metello* ...[17]

Come si svolge una lezione di letteratura?
Praticamente lei ci dice di leggerli, non ci spiega niente e bisogna fare la relazione[18] senza appunti. Cioè in teoria si dovrebbe parlare del contenuto del libro – cosa vuol dire – ma ovviamente non sapendo niente, nè dell'autore, nè del periodo in cui è stato scritto ... Quando si trattava di discutere *Il giovane Werther*, il primo Romanticismo l'avevamo fatto, quindi era più facile. *La coscienza di Zeno*,[19] il primo Novecento, no, per niente.

È così in tutti i licei?
No, credo sia diverso anche da insegnante a insegnante anche nello stesso liceo. Poi alla fine del mese lei ci interroga[20] e si discute un po' del romanzo, ci dà degli appunti, ci spiega alcune cose. Per *La coscienza di Zeno* interrogò me e dopo ci disse di Freud. Prima ci interroga e poi ci spiega!

Cosa voleva sapere quando ti interrogò?
Prima di tutto il riassunto per vedere se l'avevamo letto. Poi ti chiede un po' che cosa hai capito del romanzo.

Parlami un po' del rapporto studente-professore al liceo.

---

[11]*the Enlightenment;* [12]il più importante romanzo italiano dell'Ottocento, di Alessandro Manzoni (1785–1873); [13]*Candide*, romanzo di Voltaire (1694–1778); [14]romanzo epistolare di Wolfgang Goethe (1749–1832), noto in inglese come *The Sorrows of Young Werther;* [15]Romanzo di Carlo Cassola (1917–1980); [16]famoso romanzo di Cesare Pavese (1908–1950), noto in inglese come *The Moon and the Bonfires;* [17]romanzo di Vasco Pratolini (1913); [18]parlare davanti alla classe di un argomento preparato a casa; [19]Romanzo di Italo Svevo (1861–1928), influenzato dalla teoria psicoanalitica di Freud; [20]L'interrogazione (interrogare) è il metodo più comune per valutare gli studenti in Italia. Gli studenti possono essere interrogati oralmente davanti alla classe in qualsiasi momento dai professori: un esame orale, insomma. Gli studenti quindi si devono sempre preparare a casa come se fosse possibile un esame ogni giorno.

Non c'è nessun rapporto perchè sono abbastanza disinteressati, secondo me.

Come si manifesta questo disinteresse?
Per esempio, abbiamo i rappresentanti di classe – cioè studenti eletti che rappresentano gli altri e fanno da portavoce[21] per la classe nel consiglio d'istituto[22] quando ci sono le riunioni, se noi abbiamo qualche critica da fare. Ogni mese possiamo chiedere un 'attivo' di due ore al posto delle lezioni per parlare, se abbiamo qualcosa da dire. Anche se noi chiediamo, la nostra professoressa di greco non ci spiega mai niente, legge dal libro; poi: 'Avete capito?' 'No.' Il libro è piuttosto difficile, quindi quando vai a fare la versione[23] a casa non ti torna niente.[24] Ecco perchè mi sembrano abbastanza disinteressati. Un altro esempio: abbiamo fatto l'occupazione della scuola per protestare perchè il ministro voleva privatizzare un po' la scuola e legarla troppo al mondo del lavoro. Cioè ci sarebbero state le sponsorizzazioni di aziende e industrie, e questo non andava perchè la scuola non sarebbe stata più libera, ma più dipendente dagli sponsor. Non ha senso che un istituto classico venga sponsorizzato da un'industria. E poi ci sarebbero state distinzioni tra scuole di serie A,[25] con più soldi e sponsorizzazioni, e quelle più povere, di serie B. E poi protestavamo perchè gli insegnanti devono seguire programmi stabiliti quasi cinquant'anni fa.[26] Per quest'occupazione una nostra insegnante ci minacciava che se avessimo votato per l'occupazione ci avrebbe dato un compito in classe[27] ogni settimana.

C'è una palestra[28] per educazione fisica?
Non c'è niente, era un vecchio convento. La palestra è ricavata da un lungo corridoio e si gioca solitamente a pallavolo. Poi ci sono altre due stanzette per ginnastica e yoga, esercizi, salto alla corda oppure anche pallavolo. A volte si va in cortile, dove si gioca a pallavolo. Più che

---

[21]chi parla a nome di un'altra persona o altre persone; [22]Ogni scuola italiana ha un consiglio d'istituto a cui partecipano i professori e i rappresentanti dei genitori e degli studenti per discutere argomenti di interesse comune; [23]la traduzione in italiano del testo greco; [24]Non si sa fare bene, ci sono molti errori; [25]Serie A e serie B sono termini dal calcio che si riferiscono ai due campionati maggiori e che significano 'più importante' o 'migliore', e 'meno importante' o 'inferiore'; [26]I programmi che la scuola italiana (statale) deve seguire sono essenzialmente quelli approvati dalla Riforma Gentile nel 1922 (durante il fascismo), anche se alcune modifiche sono state fatte di recente; [27]Il compito in classe è come un esame scritto il cui contenuto non viene annunciato in anticipo; [28]il luogo coperto in cui si fa attività sportiva

altro si fa pallavolo. I ragazzi fanno calcio. Ogni venerdì andavamo in piscina in un altro istituto.

C'è tecnologia nella scuola, computer?
Ci sarebbero,[29] cioè ce n'è qualcuno, ma non si usano e non so perchè. Infatti nell'altra sezione ci sarebbe anche un corso di informatica,[30] ma non si fa. Credo manchino insegnanti di informatica. Non facciamo neanche videoscrittura, non ci lasciano entrare nella stanza. Però, alcune scuole, soprattutto gli istituti tecnici, penso siano anche abbastanza all'avanguardia.

Quante ore di compiti hai a casa?
A casa studio dalle tre alle otto, se mi va bene. Altrimenti anche dopo cena, dalle nove a mezzanotte. Quindi cinque sicure, ma anche di più. Poi ci sono le materie orali,[31] anche dopo cena. Poi ci sono compiti in classe una volta al mese. Per alcune materie è una sorpresa, per altre invece ti dicono gli argomenti.

Come ti valutano nei corsi?
In base all'interrogazione, ti fanno determinate domande. Non c'è un numero prestabilito di interrogazioni: ne puoi avere quattordici o ne puoi avere due. Alcuni non dicono mai come hai fatto, ma solo nei colloqui con i genitori leggono i voti dal registro. Alla fine dell'anno fanno una media matematica.

Allora come fai a sapere l'esito[32] dell'interrogazione?
Puoi capirlo dal tipo di domanda, se hai risposto abbastanza, dalla reazione della professoressa: se è piuttosto incavolata[33] o ti manda a posto,[34] sicuramente non hai fatto bene. Oppure sembra soddisfatta, è sorridente.

Ti vedi con i compagni di scuola nel tempo libero?
Non siamo una classe molto unita, forse siamo troppo diversi. Comunque ci sono alcuni gruppetti di ragazzi; io sto un po' con le mie amiche.

---

[29]Notare l'uso idiomatico del condizionale (*'supposedly'*); [30]L'informatica insegna l'uso del computer; [31]Le materie orali sono geografia e storia, per cui la valutazione viene fatta soprattutto tramite l'interrogazione; [32]il risultato; [33]irritata, arrabbiata; [34]Manda a sedere al proprio posto (al banco), perchè spesso l'interrogazione viene fatta in piedi davanti alla classe.

Non so; nelle medie ho potuto legare[35] più con i compagni, invece qui un po' di meno. Alcuni qui mi sembrano abbastanza falsi. Non credo sia una situazione comune, le altre classi sono più unite della nostra. Ogni tanto con il mio gruppetto si fanno delle feste il sabato perchè non c'è scuola domenica. Oppure si esce, si va in centro, qualche volta in discoteca domenica pomeriggio. C'è anche chi può andare il sabato dopo cena – sempre in gruppo, in teoria.

Che altro fai nel tempo libero?
Prima facevo tennis; ora con la scuola non ce la faccio più. Non faccio molte cose perchè non ho molto tempo libero. Però mancano anche strutture per i giovani: servirebbero ad esempio una piscina chiusa, una pista di pattinaggio a rotelle[36] più grande.

Cosa vuoi fare dopo che ti diplomi?
Non ho la minima idea. Ho eliminato medicina, cose che hanno a che fare con la matematica. Ho pensato un po' di fare la giornalista. Da quando abbiamo fatto Freud la psicologia mi piace molto. Magari farò psicologia, ma ancora non lo so, è troppo presto.

Pensi di frequentare l'università?
Per forza, perchè dopo il classico non puoi fare niente! Mentre se fai ragioneria, o finisci un istituto tecnico, le possibilità di lavoro sono già migliori. Mentre al classico fai latino, greco: non puoi mica andare in giro a parlare latino!

Come ti sta preparando la scuola?
Il classico secondo me è abbastanza utile perchè al livello culturale ti dà delle buone basi. Poi la mia scuola è abbastanza buona per cui penso che all'università mi troverò abbastanza bene.

Quale sarebbe una situazione ideale per te?
Un lavoro divertente, non monotono. Ovviamente non mi interesserebbe fare l'impiegata, la segretaria: figuriamoci! Un lavoro più intellettuale ...

---

[35]*essere vicina;* [36]*roller skating rink*

Cosa cambieresti nelle scuole italiane?
Il sabato che si va a scuola è da abolire. Preferirei aggiungere qualche ora durante gli altri giorni. Anche se è stancante, si può fare più di cinque ore di lezione al giorno. Forse bisognerebbe pranzare a scuola: ora abbiamo solo dieci minuti di ricreazione[37] per una merenda. Poi ovviamente mi piacerebbe un rapporto professori-studenti diverso. Non sono per niente comprensivi, interessa solo il loro programma. E la scuola potrebbe essere un tantino più divertente, invece di dover studiare sempre!

I.   *Rispondere alle seguenti domande.*

1. Cosa pensa Giulia degli esami alla fine della scuola media?
2. Quale sarebbe lo scopo di questi esami?
3. Perchè ha scelto il liceo classico?
4. Quali corsi segue?
5. Cosa pensa della sua professoressa di letteratura italiana?
6. Che cos'è l'interrogazione?
7. È vero che in Italia gli studenti non possono mai criticare la scuola?
8. Cosa pensa Giulia della privatizzazione delle scuole?
9. Cosa manca nella scuola di Giulia?
10. Quanto studia Giulia?
11. In base a che cosa si danno i voti in Italia?
12. Cosa fa nel suo tempo libero?
13. Cosa farà dopo il liceo?
14. Cosa vorrebbe cambiare nelle scuole italiane?

II.   *Suggerimenti per elaborazioni orali o scritte.*

A. Quali sono le differenze più notevoli fra le scuole che Lei hai frequentato e quelle italiane? Quali, sono, secondo Lei, i punti di forza e i punti deboli di ciascun sistema?
B. È giusto, secondo Lei, che non tutti possano continuare a studiare, ma che ci sia un metodo di selezione? Si prepari un dibattito in classe sostenendo la posizione *contraria* alla Sua.

---

[37]*break*

C. C'è molta polemica intorno alla proposta di dare a uno studente la scelta di frequentare le scuole pubbliche o private. In questo caso lo Stato darebbe sovvenzioni alle scuole private. Crede che sia una buona proposta? Perchè? Quali problemi potrebbero nascere?

D. Usando i tempi passati, narri una Sua pessima/ottima esperienza a scuola, o una di Sua invenzione nella scuola italiana. Delinei bene il personaggio dell'insegnante e le sue emozioni/reazioni (o quelle del protagonista).

E. Con un compagno di classe, si prepari una scenetta da presentare in classe ('role-play'), considerando bene la conversazione con Giulia. Si segua questa traccia: un'amica di Giulia le propone diverse attività di svago per un sabato pomeriggio. Giulia le risponde negativamente, spiegandole il motivo per il suo rifiuto. Alla fine l'amica propone un'attività che Giulia accetta: perché Giulia sceglie quest'ultimo invito?

III. *Esercizi.*

A. Si noti che Giulia qualche volta usa l'impersonale. In italiano, l'uso dell'impersonale è molto comune, anche quando il riferimento non è impersonale, specialmente al posto della prima persona plurale. Ad esempio, se una persona chiede a un'altra: 'Cosa si fa stasera?' è chiaro che il riferimento è alla persona con cui parla, quindi non è impersonale ma specifico. È anche comune, come fa Giulia, usare la seconda persona singolare (tu) con valore impersonale. Dopo aver ripassato l'uso dell'impersonale, riscrivere le seguenti frasi all'impersonale. N.B. Si ricordi che in italiano l'impersonale può anche avere valore passivo.

Esempio: Non sappiamo chi sarà il professore per la terza media.
Non si sa chi sarà il professore per la terza media.

1. Penso che raramente vengano bocciati se sono ammessi all'esame.
2. Fai la preiscrizione a febbraio, quindi devi decidere cosa fare.
3. A tredici anni, in terza media, non hai la minima idea di quello che vuoi fare dopo.
4. Ti puoi ritirare, aspettando la fine dell'anno. Però perdi un anno.
5. Dell'America abbiamo imparato la storia, l'economia.
6. Più che altro chiacchieravamo di problemi, guardavamo dei film.

7.   Il primo romanticismo l'avevamo fatto, quindi era più facile.
8.   Voleva sapere qualcosa del riassunto, per vedere se l'avevamo letto.

B.   Trovare le frasi all'impersonale nella conversazione con Giulia.

C.   Usare le espressioni o i verbi sottoelencati in una frase che ne illustri il significato (come quello usato nella conversazione).

1. bocciare 2. non tornare 3. legare 4. incavolare (incavolarsi)
5. andare in giro 6. figurarsi

D.   Scrivere l'equivalente in inglese, facendo attenzione all'uso del condizionale.

1.   In teoria si dovrebbe parlare del contenuto del libro.
2.   Ci sarebbero state distinzioni tra scuole di serie A e quelle di serie B.
3.   Ci minacciava che se avessimo votato per l'occupazione ci avrebbe dato un compito in classe ogni settimana.
4.   Nell'altra sezione ci sarebbe anche un corso di informatica, ma non si fa.
5.   Mancano strutture per i giovani: servirebbero una piscina chiusa, una pista di pattinaggio più grande.
6.   Forse bisognerebbe pranzare a scuola.

Seconda conversazione: Bianca

passato prossimo ↑ *(handwritten)*

BIANCA *ha allevato*[1] *da sola l'unica figlia nata poco prima della morte del marito. Insegnante d'inglese nelle scuole elementari, ha perso il lavoro in età troppo matura per* poter *riqualificarsi.*

truncated "potere" (tronca) (handwritten)

SCHEDA DI CULTURA: L'asilo nido,[2] la scuola materna[3] e l'insegnamento nelle elementari.

Con l'aumento del numero di donne che lavorano fuori di casa, è diventato comune che i bambini dalla più tenera età trascorrino[4] la giornata all'asilo nido. Qui sono accuditi[5] da donne minimamente preparate per il compito[6] e pagate poco considerando la fatica[7] di badare a tanti piccoli con cura, pazienza e anche amore. Prima delle scuole elementari si possono frequentare le scuole materne (all'età di tre, quattro e cinque anni). Per insegnare sia alle scuole materne che alle scuole elementari bisogna avere un diploma da un istituto magistrale, in cui ci si specializza nell'insegnamento dei più piccoli.

* * *

SCHEDA DI CULTURA: La maternità in Italia.

In Italia, appena un medico pediatra conferma che una donna è incinta,[8] viene attivata una serie di diritti per facilitare sia la gestazione del nascituro[9] che la salute della madre. Se la madre lavora, ha diritto a un periodo di aspettativa[10] non solo per gli ultimi due mesi della gravidanza,[11] ma anche fino a un anno dopo aver partorito.[12] Per tutto il tempo che è assente dal lavoro, la donna continua a percepire lo stipendio ed ha la garanzia di riprendere il lavoro quando è pronta per ritornare. In Italia, l'assistenza sanitaria è

---

[1]*raised;* [2]*daycare;* [3]*kindergarten;* [4]trascorrere = passare (tempo); [5]accudire = *to look after (a person);* [6]responsabilità; [7]lavoro difficile, stancante; [8]aspetta un bambino; [9]il bambino che deve nascere; [10]un permesso speciale per non dover andare a lavorare senza perdere lo stipendio; [11]*pregnancy;* [12]partorire = far nascere un bambino

gratuita, quindi non ci sono costi a meno che la donna non decida di partorire in una clinica privata. Una legge approvata nel 2000 dà pari opportunità al padre del neonato: come la madre, egli può chiedere permesso di stare a casa per prendere cura del bambino senza perdere lo stipendio.

Lei è rimasta vedova poco dopo la nascita di Sua figlia ...
Sì, Giulia aveva nove mesi quando mio marito è morto.

Come ha fatto ad allevare Giulia da sola?
È stata una cosa abbastanza difficile. All'inizio mi sembrava che tutto il mondo mi fosse crollato[13] addosso perché avevo fatto tanti progetti con mio marito. Avevamo comprato una casa con l'intenzione, dopo tre anni che era nata la bambina, di tornare in questa casa nuova in cui lui aveva già cominciato a fare i lavori. E allora alla morte di lui, mi sono ritrovata con – oltre a questa bambina di nove mesi, piccolissima – tutti i problemi connessi con la morte di mio marito, soprattutto per il suo lavoro. Quindi dovevo pensare a tutte le attività, i problemi di quella casa che aveva comprato a nome suo, per cui c'era anche il problema della successione.[14] Lui era uno di questi artigiani che amavano molto l'Oltrarno.[15] Per lui l'Oltrarno era il cuore di Firenze. E allora lui aveva cercato per tanto tempo prima di sposarci una casa e l'aveva trovata proprio sopra la bottega dove lavorava, con una splendida terrazza che dà sul fiume. Naturalmente non ho potuto dopo sostituire la figura paterna perché quella, ovviamente, non c'era più; però da quando mia figlia ha cominciato ad andare alla scuola materna, ho sempre invitato le madri e gli amici a casa – amici maschi soprattutto – perché si abituasse a una presenza maschile. E in casa mancava del tutto questa presenza maschile anche perché dopo che morì mio marito nel 1980, nel 1981 morì mio padre. Dunque Giulia è cresciuta in un ambiente dove c'erano la nonna, la mamma e la nostra vicina, anche lei vedova. Il problema è stato di cercare questa figura maschile che a lei era mancata, di sostituire qualche volta gli amici, le coppie: li facevo venire così lei si abituava. Questa è sempre stata una casa piena di gente, e Giulia è cresciuta molto serena.

Le è stata di molto aiuto la famiglia con Giulia?
Mia madre è stata una figura indispensabile nel senso di aiuto per

---

[13]caduto; [14]di passare la proprietà della casa a Bianca; [15]zona di Firenze a sud del fiume Arno, da secoli popolata da molti artigiani

l'aspetto fisico nella crescita e di seguirla quando era malata, perché
io lavoravo e lasciavo la bambina malata con lei. Io invece ero molto
più preoccupata per tutto il resto. La bambina aveva bisogno di un ambiente che le desse sicurezza, ma secondo me mia madre non gliela
dava; continuava a ripetere: 'Ah, poverina, non hai più il babbo.' Devo
dire che ho avuto molto aiuto anche dagli amici di mio marito: loro
veramente sono state figure proprio molto importanti nella crescita di
Giulia. Per esempio, nei momenti dei compleanni di Giulia, o d'estate,
ci hanno sempre invitato a casa. Sì, forse erano più gli amici ad aiutare
anziché principalmente mio fratello o mia sorella.

Dunque erano amicizie ben sviluppate ...
Molto. Mio marito era una persona che credeva nell'amicizia. Una volta
che aveva stabilito un'amicizia, lui diceva che perdere un amico è un
fallimento. Quasi tutti quelli che io vedo sono amici di mio marito; tre
o quattro sono amici miei – ce li ho anch'io! Però sinceramente devo
dire che io ho avuto questo patrimonio di amici che mi è rimasto, e che
mi hanno aiutato molto, più della famiglia. Della casa a via Santo Spirito se n'è occupato gratis[16] quest'amico di mio marito, architetto. Tutto
il tempo era un problema molto grosso perché non c'erano permessi.
Mio marito aveva fatto dei lavori senza aver prima chiesto il permesso,
per cui era una situazione che nessuno avrebbe voluto. Eppure lui se
n'era occupato perché evidentemente mio marito aveva saputo dare.
Io penso di essere stata fortunata, perché non credo quello che hanno
fatto per me gli amici di mio marito in altre situazioni altre persone
avrebbero fatto lo stesso.

*Dopo la nascita di Giulia come ha fatto a tirare avanti[17] dal punto di vista
economico?*
No, con questo non ho avuto problemi anche perché la casa dove abito
era la casa di mio padre. E poi il lavoro che facevo allora mi ha molto
aiutato a superare la crisi.

Ha ripreso a lavorare subito?
Subito. Mio marito è morto ad agosto e io il primo settembre ero già
a scuola. Non ho avuto quello che si chiama esaurimento nervoso[18]
perché come prima cosa non ci credo. L'esaurimento nervoso non esiste; esiste solamente per quelle persone che se lo possono permettere.

---

[16]senza essere pagato; [17]to manage; [18]nervous breakdown

Quando io avevo bisogno di fare certe cose non c'era nessuno che me le poteva fare. Mia madre doveva curare mio padre che stava male, per cui io non ho avuto una situazione che mi permetteva di dire che ci sono altri che lo faranno per me. Non ho avuto nemmeno il vago pensiero di dire: 'No, oggi non mi sento bene, non lo posso fare.' Non ci ho nemmeno pensato.

Facciamo un passo indietro; quanto tempo ha avuto per la maternità?
Dopo che è nata Giulia ho avuto tre mesi. Però ci sono stati due mesi prima della nascita, quindi cinque mesi in tutto: è quello che ti dà la legge per la tutela della maternità. Io quindi dovevo rientrare a febbraio perché Giulia è nata a novembre, però io ho chiesto un'aspettativa fino a maggio per poter seguire la bambina molto di più; c'era anche mio padre che non stava bene – era un periodo quando non stava per niente bene. A maggio io sono ritornata a scuola per un mese, poi avevo subito le vacanze, e quindi da tre mesi seguivo ulteriormente Giulia. A settembre aveva ormai dieci mesi: era – diciamo – abbastanza autonoma.

Quando ha cominciato ad insegnare?
Ho cominciato ad insegnare inglese nel '68, all'età di ventidue anni.

Mi parli un po' delle Sue esperienze di lavoro nella scuola italiana.
Io devo dire che per me era ed è stato il lavoro più bello che abbia fatto. Secondo me insegnare l'inglese era un lavoro particolare, una situazione abbastanza privilegiata perché erano dapprima corsi sperimentali iniziati dal Comune[19] in pochissime scuole per vedere se avessero un effetto positivo sui ragazzi. Siccome i bambini sono molto recettivi, hanno visto che l'inglese era talmente importante e che i bambini potevano apprenderlo benissimo, allora l'esperimento è diventato una cosa stabile. Ed è bene che i bambini comincino subito a parlare una seconda lingua così si stabiliscono contatti con il mondo.

Lei l'inglese lo parla benissimo ...
Ho cominciato dopo la terza media, ho fatto cinque anni al British Institute. Era un inglese strettamente scolastico, quindi io ho fatto poi pratica andando in Inghilterra, stando alla pari[20] con famiglie: veramente ho cominciato a parlare inglese allora. Sì, si parlava anche nella scuola durante le lezioni, però è molto diverso. Lì sei abituato a sentire questo

---

[19]il governo della città; [20]au pair

inglese scolastico, la stessa insegnante; è un'altra cosa quando hai un impatto con la vita reale sul posto.

Perché ha deciso di non frequentare l'università?
Questi corsi di lingua non sono riconosciuti dallo Stato italiano. Cioè io avrei dovuto fare allora le magistrali[21] più questi corsi di lingua. Allora potevo accedere all'università perché questi diplomi rilasciati dalle università straniere non sono riconosciuti dallo Stato italiano. Però quando io ho fatto il concorso per insegnare alle elementari privilegiavano i diplomi in lingua straniera a quelli dello Stato italiano.

Quindi non poteva iscriversi all'università.
Infatti: il British Institute era una scuola media superiore e ho scelto di fare lingue perché a me piaceva fare lingue e sapevo di già che non sarei potuta andare all'università. Siccome volevo tanto parlare le lingue e insegnare alle elementari, io sapevo già qual era la mia tappa, cioè di finire questi cinque anni e poi d'insegnare. Ecco, non avevo l'ambizione di continuare all'università anche perché sapevo che dopo cinque anni avrei potuto già lavorare.

Non insegna più l'inglese?
Non insegno più l'inglese perché il Comune aveva deciso – più per motivi politici che per motivi forse economici – di togliere l'inglese dalle scuole elementari.

Scusi, perché per motivi politici?
L'assessore per la pubblica istruzione voleva privilegiare certi aspetti dell'educazione. Non volevano tenere le insegnanti di lingue nelle scuole elementari perché era come un doppione,[22] essendo state loro assunte dal Comune. Cioè dicevano che c'erano insegnanti dello Stato sufficienti per potere insegnare l'inglese. Il Comune doveva smettere di fare questa beneficenza, secondo loro. Ora i corsi di lingua sono obbligatori alla scuola elementare, ma sono ricominciati solo qualche anno dopo che li avevano completamente lasciati morire, perché avevano detto: 'A noi non interessa.'

Che cosa avevano privilegiato?

---

[21]Le scuole magistrali sono le scuole medie superiori specializzate che rilasciano il diploma per l'abilitazione all'insegnamento elementare; [22]due della stessa cosa

Avevano privilegiato gli asili nido,[23] perché la madre lavora e quindi la madre va aiutata: questo è sempre un discorso dell'emancipazione della donna che viene portato avanti dalla parte politica di sinistra. Allora i nidi vanno incrementati, per cui questo personale docente che stava una volta alle scuole lo mettiamo nei nidi, anche se non c'era nessuna preparazione, ma agli assessori non gliene importava nulla.

Quindi è passata dall'insegnamento dell'inglese allo stare con bambini molto piccoli.
Sì, questo è successo a me sei anni fa.

Per lavorare in un asilo nido non c'è bisogno di una preparazione specifica?
Secondo me, sì, c'è bisogno di una preparazione, ma secondo loro, siccome c'era bisogno di rinforzare questi istruttori, hanno messo personale come noi, fatto un corso di due mesi, e dopo i due mesi, secondo loro, sappiamo stare con bambini piccoli.

Quante docenti d'inglese hanno trasferito negli asili nido?
Cinquanta. Più ci sono state le insegnanti che facevano quello che chiamavano il doposcuola, che in effetti erano maestre che hanno fatto la scuola magistrale: erano 250, mi pare. Cioè, praticamente il Comune ha riciclato 300 persone in tutti i settori.

Le avevano proposto altre scelte?
No. Questo è proprio stato obbligatorio. Siccome io ero anche una delle più 'giovani' sebbene dopo vent'anni d'insegnamento, non ho potuto nemmeno scegliere. Se io avessi voluto scegliere – non so – di andare all'ufficio turistico del comune, non l'avrei potuto scegliere.

Hanno riconvertito personale che insegnava nelle scuole in altri posti comunali?
Anche se non erano competenti; hanno messo persone negli uffici amministrativi che non avevano esperienze di questo genere. C'erano ragionieri che fanno questo lavoro con competenza ma guadagnando molto meno – per esempio – di una mia collega che era stata messa lì e non sapeva fare niente: è assurdo; queste sono le assurdità delle scelte del Comune.

---

[23]Istituti dove vengono portati i bambini troppo giovani per frequentare l'asilo o la scuola materna (*daycare*).

Una decisione del Comune dovuta soprattutto a pressioni politiche?
Secondo me, sì. L'assessore voleva allargare il numero dei nidi e collegare il nido, la scuola materna, e poi la scuola elementare, quindi non era un discorso fatto male. Però quello che chiedevamo noi di lingue, che eravamo poche – una quarantina – era di fare una convenzione con lo Stato e di inserirci come insegnanti dello Stato. Potevano benissimo farlo. E non hanno voluto in maniera assoluta.

Potrebbe riprendere una carriera d'insegnamento di lingua inglese?
Se la potessi riprendere? No, assolutamente non posso.

Mi sembra uno spreco enorme.
Enorme, perché non posso entrare nello Stato perché richiedono il diploma della scuola magistrale.

Puo dare un giudizio sulle scuole italiane, considerando anche le esperienze di Sua figlia?
Secondo me la scuola elementare ancora deve collaudarsi,[24] perché hanno cominciato un nuovo modo d'insegnamento con tre insegnanti che ruotano su due classi di circa quindici studenti. C'è il problema demografico, quindi le classi sono molto ridotte. Per quanto ho capito c'è molta confusione. La scuola media invece mi pare ancora vada sui vecchi metodi: non si è molto aggiornata[25] tranne che la valutazione ora è come in Inghilterra, con questi A, B, C, D. La scuola superiore – anche quella secondo me – dovrebbe essere riformata per i programmi.

Chi determina i programmi scolastici?
Sono programmi ministeriali; probabilmente si riferiscono a orari di lavoro tipo anni Quaranta, Cinquanta, non so.

Sono persone che vengono selezionate dal governo in carica?
Sì, certo: il ministro della Pubblica istruzione nominerà persone di fiducia che potranno svolgere il lavoro durante la durata del governo.

Che progetti avrebbe per Sua figlia?
Spero che lei prima di tutto si dia molto allo studio: questa passione è una ricchezza. Lei a volte è esasperata perché sta tutto il tempo a

---

[24]provarsi; dimostrare di funzionare bene; [25]aggiornarsi = *to bring up to date*

studiare, le sembra di essere molto sacrificata, però le ho detto è un arricchimento che lei si scoprirà prima o poi. Dovrebbe sentirlo come una cosa positiva, invece a volte la sente come una punizione. Poi c'è questo aspetto della scuola superiore, cioè che si fanno delle cose molto dall'alto, per cui lei sente la mancanza di dialogo; questo le pesa molto. Però io sarei contenta di vederla studiare volentieri.

Questo lo fa già?
Sì, lo fa già, però quest'anno dovrebbe avere molta fatica nel senso di fatica psicologica. Come rendimento[26] va bene, anche se l'ho trovata a volte molto depressa. Diceva: 'Ah, vedi? Non ce la faccio. Ma a cosa mi serve questo studio?' Invece no, sono delle buone basi. Se poi lei alla fine del liceo volesse smettere di studiare, magari trovare un lavoro...

Ma cosa vorrebbe che facesse?
Io vorrei che facesse l'università. Certo con le prospettive di lavoro che ci sono, che sono quasi zero, non si sa se sarà una scelta buona.

Una ragazza ben preparata, intelligente: cosa potrebbe fare con un diploma di scuola superiore?
Con la scuola superiore, per il classico, veramente non tanto, perché non è come il diploma della scuola magistrale con cui puoi anche fare supplenze.[27] Secondo me con il diploma della maturità classica devi fare per forza l'università. Cioè lei può fare concorsi[28] per fare l'impiegata.[29] Bisogna vedere in questo triennio[30] cosa la soddisfa, la stimola, anche per continuare.

Si trova bene a Firenze?
Sì, molto.

Andrebbe in una città più grande come Roma?
No, mai. Quando ci vado mi trovo sempre stressata; le distanze per andare a trovare amici mi sembrano così grandi, a volte ci vogliono tre ore solo per vederci e mangiare una pizza. Firenze è ancora una città a misura d'uomo.

---

[26]*performance at school;* [27]insegnare al posto di chi non può per malattia o altro motivo; [28]Il concorso è la competizione per scegliere il migliore candidato per un lavoro pubblico (statale, comunale). Altri criteri influiscono sulla scelta: età, famiglia, esperienze di lavoro e anche le raccomandazioni di persone di una certa importanza; [29]in questo senso, *office worker;* [30]gli ultimi tre anni del liceo

(handwritten: 50,)(well)

Dunque *anche con le difficoltà nel Suo lavoro non lascerebbe Firenze.*
Se mi offrissero un lavoro nell'insegnamento di ruolo[31] in un'altra città,
forse ci potrei anche pensare, però ho tanti legami qui. Alle amicizie ci
tengo molto, quindi dover ricominciare di nuovo a formarmi un gruppo
di amici, non ho più nemmeno le energie di farlo.

(handwritten: tenure)

I.   *Rispondere alle seguenti domande.*

1.   Quali erano i problemi di Bianca subito dopo la scomparsa del
     marito?
2.   Com'è riuscita a risolvere questi problemi?
3.   Ha avuto problemi economici dopo che è rimasta vedova?
4.   Perché aveva ripreso a lavorare poco dopo la morte del marito?
5.   Come ha cominciato a insegnare l'inglese?
6.   Perché Bianca non ha una laurea?
7.   Perché non insegna più l'inglese?
8.   Perché non è contenta di questo cambiamento?
9.   Perché non può ritornare all'insegnamento?
10. In generale, cosa pensa della scuola italiana?
11. Quali speranze ha per Giulia?
12. Perché non lascerebbe Firenze?

II.   *Suggerimenti per elaborazioni orali o scritte.*

A.   Pensa che Bianca abbia sofferto un'ingiustizia perdendo il suo
     lavoro di insegnante d'inglese nelle scuole elementari? Quale
     sarebbe stata una soluzione più giusta, secondo Lei?
B.   Nel dare le ragioni per cui il suo posto nella scuola è stato
     eliminato, Bianca a volte usa toni polemici, citando il desiderio
     politico di privilegiare il nido 'perché la madre lavora e
     quindi la madre va aiutata, ma questo è sempre un discorso
     dell'emancipazione della donna.' Secondo Lei, da che cosa nasce
     questo tono polemico? È d'accordo con l'opinione di Bianca?
C.   Scelga almeno tre aggettivi per descrivere Bianca, giustificandone
     l'uso con esempi concreti tratti dalla conversazione.
D.   Al giorno d'oggi ci sono sempre più genitori 'single' – soprattutto

---

[31]Essere di ruolo nell'insegnamento significa avere un contratto senza termine.

donne – che allevano figli da soli. Secondo Lei, quali sono i
problemi che nascono da questa situazione? Si possono risolvere?

E. Con un compagno di classe, si prepari una scenetta da presentare
in classe, considerando bene la conversazione con Bianca. Si segua
questa traccia: il preside (cioè l'amministratore-capo) della scuola
in cui Bianca insegna le annuncia che il suo posto d'insegnante
sarà eliminato, e le spiega il perché: come gli risponde Bianca?
Per aiutarla il preside le offre alcune alternative di lavoro; Bianca
è depressa per le possibilità offerte e ne spiega i motivi. Alla fine
il preside le offre un lavoro che lei accetta anche se con difficoltà.
Quale offerta accetta e perché?

III. *Esercizi.*

A. Scrivere il pronome corretto nel contesto, facendo attenzione
all'uso del pronome diretto o indiretto nella terza persona.

Esempio: Se dovessi incontrare la professoressa per la strada, _le_
direi che il compito è troppo difficile.

1. 'Hai parlato con mia cugina Larthia Seianti?' 'No, non _____ ho
parlato.'
2. Bianca pensava che tutto il mondo _____ fosse crollato
addosso.
3. Sua figlia aveva bisogno di un ambiente che _____ desse
sicurezza.
4. Avendo conosciuto Silvia, era difficile credere che sua madre ____
avesse allevata da sola.
5. Quando vedrai Ciruzzo, _____ manderai i miei migliori
saluti. (*farla bean washer*)
6. 'Professor Scozzafava, _____ chiedo gentilmente di seguire
di più mio figlio in questo momento difficile.'
7. Il piccolo Pablo ha protestato perché non _____ andava di
frequentare quell'asilo nido.
8. Cesarino dice che _____ pare che la scuola media vada ancora
sui vecchi metodi.
9. Il professor Presutti era felice che il ministro _____ avesse
nominato assessore per la pubblica istruzione.
10. Sauro continuava a studiare l'inglese sebbene non _____
piacessero le lingue moderne.

Learco (Learchus)

B. Scrivere la coppia di pronomi opportuna nel contesto.

Esempio: A Mario piacciono le linguine al pesto, quindi _gliele_ ho preparate per la cena di stasera.

1. _____ avevo detto di non perdere tempo! Avresti finito molto prima quel saggio di letteratura.
2. _____ fossero di ragazzi come Learco! È così educato e gentile!   voro
3. I pacchi sono pronti: _____ spedirò domani così vi_ arriveranno in settimana.
4. 'Non si preoccupi, professor Zimonio; _____ ricorderò.'
5. Poiché a Cosima interessava quel romanzo, _____ ho prestato.
6. 'Mamma e papà, tornerò prima di mezzanotte, _____ prometto.'
7. Visto che Joe aveva finito di mangiare tutte le polpette, _____ ho portate altre cinque.
8. _____ ho mostrati pensando che vi avrebbero potuto interessare per il vostro lavoro.
9. Si lamentano sempre di quell'asilo, ma io _____ avevo detto tante volte che sarebbe stato molto faticoso per il piccolo Fifì.
10. Gismonda aveva finito il suo Cerumex e il dottor Percuoco _____ ____ ha prescritta una seconda confezione.

C. Completare la domanda con l'avverbio interrogativo opportuno.

Esempio: _Quando_ ci vedremo la prossima volta?

1. _Perchè_ non hai risposto quando ti ho telefonato?
2. _Quando_ andrete per le vostre vacanze?
3. _Dove_ sta oggi, signora Scaturchio?
4. _Quanti_ paghi per l'affitto di questo bellissimo appartamento?
5. _Perchè_ hai chiuso le finestre? Fa ancora molto caldo!
6. _Quando_ è finita la Seconda guerra mondiale?
7. _Come_ pensa di risolvere quel problema?
8. _Perchè_ Ulrico non si è preparato meglio per l'esame?
9. _Quando_ torneranno dal loro viaggio a Pavullo?
10. _Quanto_ vuole l'architetto per ristrutturare la casa?

D. Completare le frasi con il pronome interrogativo opportuno.

Esempio: Sai per _chi_ sono queste bevande? E _quante_ sono in tutto?

1. ____chi____ verranno alla festa di Calogero?
2. Mi volete dire di _chi_ o di _che_ state parlando?
3. _Che cosa_ stai ascoltando?
4. _Quanti_ chili pesa tuo cugino Olaf?
5. _Cosa_ ti metterai per il compleanno di Chuck?
6. Volevo sapere _che_ volete per pranzo.
7. _chi_ viene con noi a fare due passi?
8. La mamma mi ha chiesto _chi_ avevi invitato a cena.
9. 'Maria, _quanti_ euro posso spendere per fare la spesa?'
10. Tutti si domandavano _chi_ avesse fatto il professor Cerumi.

Terza conversazione: Lelio

LELIO, *settantaquattro anni, è un regista della RAI in pensione. È stato tra i primi in Italia a studiare negli Stati Uniti con una borsa di studio Fulbright nel dopoguerra. Ci parla delle sue esperienze con la televisione, del suo periodo di studio in america ed esprime il suo giudizio sulla situazione politica italiana.*

SCHEDA DI CULTURA: La televisione in Italia.

I primi programmi della televisione italiana (la RAI, Radio Audizioni Italia) cominciano nel 1954, trasmessi su un solo canale di stato. All'inizio i programmi vanno in onda[1] solo la sera, man mano[2] estendendosi su tutte le ore del giorno. Negli anni Sessanta, i canali di stato aumentano a tre, controllati dai maggiori partiti politici. Da oltre vent'anni la televisione non è più monopolio dello Stato, uno sviluppo che ha determinato un enorme aumento nel numero di canali commerciali, accompagnato dal crescente bisogno di sponsor, e dunque, da più invasive interruzioni dei programmi per far posto alla pubblicità.

* * *

SCHEDA DI CULTURA: I partiti politici in Italia.

Dalla fine della Seconda guerra mondiale, la politica italiana è caratterizzata dalla presenza di tanti partiti (a volte quasi venti) che attraversano l'intero arcobaleno politico[3] da destra a sinistra, e da tanti cambi di governo, 54 dal 1948 al 2005. Fino al 1993 la Democrazia cristiana, partito d'ispirazione cattolica, aveva dominato le coalizioni di governo senza interruzione dal 1948, escludendo sempre i comunisti, anche se questi rappresentavano fino a quasi un terzo dell'elettorato. Per gli scandali venuti alla luce nel 1992 nell'indagine[4] conosciuta come Mani pulite, quasi tutti i partiti politici storici sono scomparsi, rimpiazzati[5] da nuove formazioni politiche. Nato nel 1993, il par-

---

[1]andare in onda = *to be broadcast;* [2]un po' alla volta; [3]*political spectrum;* [4]investigazione;
[5]rimpiazzare = prendere il posto di un'altra persona o di qualcosa

tito Forza Italia (di centro-destra), invenzione dell'imprenditore mediatico[6]
Silvio Berlusconi, negli ultimi anni gode del più grande consenso degl'italiani,
anche se non sono una maggioranza. A capo di una coalizione nota come
La casa delle libertà con gli eredi del partito fascista (Alleanza nazionale) e
altri partiti più piccoli, il Presidente del Consiglio (primo ministro) Berlusconi
governa l'Italia dal 2001. Per il suo controllo di tante fonti mediatiche – c'è
chi lo accusa di aver creato un monopolio – Berlusconi continua a suscitare
polemiche,[7] non solo in Italia, ma in tutta l'Europa.

*Lei è andato a studiare nel dopoguerra in Amèrica: come ha trovato questa
possibilità?*
Tramite un mio amico: ricordiamoci che andare in America per la mia
generazione a quell'epoca era un sogno, ne avevamo un'idea piuttosto vaga da quei pochi film americani che ci arrivavano. Il fascismo
in genere non li permetteva, ma c'era comunque un'idea favolosa del-
l'America. Allora c'era un abisso enorme sul piano economico. Nei film
si vedevano le macchine americane: bellissime, grandi, però forse un
po' infantili. Insomma, avevamo un'idea del paradiso. Poi c'erano belle
ragazze, sembravano molto sane, ci sembravano più belle delle italiane.
In Italia penso che come in questi ultimi decenni siamo cresciuti in altezza, siamo anche cresciuti in bellezza: è una buona conseguenza di
una migliore alimentazione.[8]

Mi parli ancora di questo mito americano.
Ripeto, l'America era un sogno, anche irraggiungibile[9] perché c'erano
le quote d'immigrazione e la censura fascista. Era uno stile di vita, un
complesso di cose che ci sembrava bellissimo: le case a villette, l'ordine;
poi si intuiva questo mondo moderno, scientifico, avanzato. Invece
quello che poi è veramente risultato positivo per noi quando siamo andati è il fatto che trovi lavoro, quanto ne vuoi, e puoi lasciarlo per tro-
varne un altro, una cosa che noi non potevamo neanche immaginare.

Come L' aiutò questo Suo amico?
Mi disse che c'era una borsa di studio per andare negli Stati Uniti, che
si chiamava Fulbright. Io avevo già finito l'università: era per laureati
bravi che sapevano l'inglese. Io quindi feci domanda perché un sogno che mi sembrava irraggiungibile di colpo diventò raggiungibile.
Quindi mi diedi da fare[10] per seguire tutte le istruzioni per avere questa

---

[6] ricco proprietario di giornali, riviste e canali televisivi (*media mogul*); [7]*raise controversy;*
[8]quello che si mangia; [9]che non può essere realtà; [10]darsi da fare = cominciare a fare tutto
il possibile

borsa di studio, e fui scelto: ero tra i primi Fulbright d'Europa. Il progetto di studio poi veniva dalla mia formazione universitaria: avevo fatto scienze politiche e io chiesi di studiare i monopoli in America, lo Sherman Act. E quindi mi mandarono alla Vanderbilt.[11] Dopo un paio di mesi io mi annoiai tremendamente con questi libroni americani che parlavano di economia. Allora scrissi una lettera alla commissione Fulbright dicendo che volevo studiare televisione perché in Italia poco dopo avrebbero messo[12] la televisione e io sarei potuto essere utile là. Mi dettero ascolto e mi trasferirono alla Northwestern University dove io studiai per due anni nella School of Speech *screenplay, directing, producing*, eccetera. Alloggiavo negli *huts*,[13] ex capannoni militari che tutto sommato erano abbastanza confortevoli.

Qual è stato l'effetto del Suo soggiorno in America sulla Sua formazione?
Il contatto con un altro paese, specialmente uno importante e con tante novità come l'America, ti arricchisce moltissimo. Ma ti dirò che nel campo della televisione io imparai a ragionare come ragionavano gli americani. Per esempio, il copione.[14] Nel copione del regista mettevo adesivi[15] con tanti disegnini che riguardavano le inquadrature[16] e altro, così che tutti sapessero precisamente cosa il regista voleva. Ma questo non funzionava qui da noi, perché abbiamo la tendenza all'improvvisazione, il copione è un canovaccio.[17] In America si dà molta importanza all'organizzazione preventiva, di modo che i tempi dell'esecuzione diventino più brevi. Mi ricordo che in Italia feci una trasmissione su una portaerei[18] americana e vicino a me c'era il comandante della nave. Io finii la trasmissione, che doveva durare un'ora, al sessantesimo secondo del sessantesimo minuto. Il comandante, entusiasta e sbalordito, non si immaginava mai che gl'italiani fossero così precisi, non a questo punto! Quindi il soggiorno in America ha cambiato tutta la mia vita. Io prima facevo il giornalista, ma quando sono tornato ho scritto un libro sulla televisione, che in Italia allora era ancora sconosciuta, e mi è servito da passaporto per essere assunto[19] alla RAI.

Si è ambientato[20] abbastanza facilmente negli Stati uniti?
Sì, nella vita universitaria non era difficile ambientarsi. Io però sapevo

---

[11]La Vanderbilt University è a Nashville, in Tennessee; [12]notare l'uso idiomatico del condizionale passato; [13]Costruzioni economiche utili anche nelle università americane, nel dopoguerra i *Quonset huts* venivano largamente impiegati per uso civile negli Stati Uniti; [14]*screenplay*; [15]*stickers*; [16]*shooting angles*; [17]Il canovaccio è uno scheletro di copione su cui bisogna improvvisare; [18]tipo di nave da guerra su cui stazionano aerei da guerra; [19]essere assunto = ottenere un posto di lavoro; [20]*to adjust*

dei pregiudizi degli americani per gli italiani – lo sentivo fortemente, anche oggi lo sento. Non c'era niente di pesante, ma frasi, parole cattive, tante, proprio tante, provocatorie e quando meno me l'aspettavo: 'Cosa vuoi fare con questo cognome italiano? Non puoi fare niente!' Un'altra volta stavo a casa di una signora, pittrice, con altri suoi amici americani: 'Ah, Mr. Golletti,' disse, 'come fa? Se la fa[21] con gl'italiani?' Capisci? Questo proprio davanti a me! Non sai neanche come reagire. Ne ho avute parecchie di queste cose che mi hanno bruciato. Sono convinto che per questo razzismo che c'era, molti non possono vedere[22] gli americani perché si ricordano di essere stati di seconda qualità.

Come è stata la Sua esperienza con la RAI?
Soprattutto nei primi tempi quando si andava solo in diretta[23] erano tempi molto belli e mi sentivo molto apprezzato. Quando è cominciata la registrazione, tutti potevano fare il regista perché era piu` facile. Registri un pezzettino, controlli se va bene o non va bene, poi vai avanti; non avevi il problema della diretta dove tutto può succedere e succede; quindi tutto dev'essere più accurato, la pianificazione dev'essere più riuscita, tutta l'equipe dev'essere molto più attenta. Poi è diventata una barzelletta[24] fare la regia televisiva e allora ho incontrato difficoltà, non è stato più facile: molta concorrenza,[25] molti nemici, molta cattiveria, invidia, malvagità, poi le porcherie che dicevano sul mio conto. Essere regista è l'ambizione di tutti, è un sogno, e quindi cercano di distruggerti.

Che tipi di programmi faceva?
Tra i primi programmi che ho fatto – sempre in diretta – c'era una trasmissione settimanale per ragazzi che è durata tre anni. Poi facevo programmi di canzoni, cantanti dal vivo. Poi facevo serie di concerti; ho incominciato così. In seguito ho fatto un po' di tutto: prosa,[26] rivista,[27] programmi giornalistici, documentari; poi nell'ultima fase filmati, documentari giornalistici. Giravo l'Italia: ad esempio andavo a Mazara del Vallo,[28] parlavo dei problemi della pesca, lo sfruttamento della manodopera tunisina. Ma non erano mai programmi suggeriti da me. Alla RAI avevo presentato tante idee e magari dicevano: 'Sì, bellissimo,' ma non ho mai visto una di queste idee realizzate. C'era a Roma una specie

---

[21]stare in compagnia, ma in senso spregiativo, volgare; [22]idiomatico: *'can't stand'*; [23]Il programma viene trasmesso al momento che viene fatto; [24]*a joke*; [25]Molti volevano fare quello che faceva lui; [26]prosa = teatro; [27]rivista = programma con una varietà di artisti, musica, ecc.; [28]cittadina siciliana in cui da molti anni esiste una comunità di tunisini dediti alla pesca

di mafia dei programmi RAI ed era molto burocraticizzata e politicizzata. Il rapporto con l'ambiente per me era molto duro.

Come si trova in Italia in questo momento?
Trovo interessante il periodo politico e trovo piacevole il fatto che il nostro standard di vita migliora sempre. L'avverti,[29] questo miglioramento continuo: tutti hanno tre televisori, due macchine, un grande miglioramento economico insomma. Però si è persa la gioventù, la gioventù è diventata pessima. C'è molto teppismo,[30] ci sono molti drogati, molti ragazzi a cui manca un senso del dovere e vogliono tutto dal papà o dalla mamma o dal governo. Pensano di aver diritto ad avere tutto subito solo perché esistono. Questa mentalità in un certo senso è causata dal benessere dei genitori, che gli danno tutto quello che vogliono. Io, a quattordici anni già mi ponevo seriamente il problema di ciò che avrei fatto da grande, me lo domandavo tutti i giorni, era un problema serio. Ai miei tempi era difficilissimo trovare un lavoro, ora meno. Secondo me si può sempre trovare un lavoro se uno sa fare qualche cosa.

Negli ultimi anni nella politica italiana c'è stato un rafforzamento della destra o del centro destra, secondo il punto di vista. Trova pericoloso questo sviluppo?
Assolutamente no. Oramai siamo vaccinati[31] contro il fascismo: lo abbiamo provato e poi abbiamo preso il vaccino! Ecco, però diciamo che in Italia qualcosa è peggiorato perché si è perso il senso della Nazione, della Patria, dello Stato: c'è soltanto con le partite di calcio internazionali. Quando c'era il fascismo c'era un entusiasmo patriottico enorme, l'ho avuto anch'io. Ed è positivo perché c'è un senso di appartenenza, che è importante. Quindi ritengo[32] che uno spostamento a destra sia positivo anche perché credo nel libero mercato, nel liberalismo, salvo una piccola parentesi[33] quando sono tornato dall'America e mi sentivo filo-comunista, ma era una ripicca[34] contro l'America, un tentativo di punire. L'Italia però rimane ancora l'unico paese sovietico nel mondo, perché questa malattia per il comunismo in Italia ha preso piede[35] in modo straordinario e non se ne può liberare tanto facilmente. E questo si manifesta con le adesioni al Partito comunista, perché secondo me i Democratici di sinistra[36] sono ancora comunisti, certamente non più

---

[29]avvertire = sentire attraverso diversi sensi (vedere, ascoltare, leggere, ecc.); [30]teppismo = delinquenza giovanile; [31]rifiutano il fascismo: è impossibile una ripresa del fascismo; [32]ritengo = credo; [33]parentesi = periodo breve, interruzione; [34]*grudge*; [35]prendere piede =*to take hold*; [36]Democratici di sinistra, trasformazione del vecchio Partito comunista italiano

come prima: accettano il mercato, ma con una buona dose di statalismo, molte cose le fa lo Stato e qualche cosa la fanno i privati. Mentre chi è liberale, liberalista, pensa che lo Stato debba fare il meno possibile, le cose essenziali.

Chi, secondo Lei, rappresenta questo liberalismo di mercato?
È molto difficile dirlo, perché i Ds hanno detto che oramai volevano la rivoluzione liberale, quindi un capovolgimento di 180 gradi, in teoria. In pratica favoriranno sempre di più lo statalismo che il privato, il capitalismo. Qualcosa di questo genere si trova anche in Alleanza nazionale.[37] Anche loro dicono: 'Noi accettiamo il liberalismo;' ora tutti lo dicono. Ma poi in effetti, per le privatizzazioni, anche loro mettono ostacoli.

Quali sarebbero i problemi più gravi in Italia che andrebbero risolti con urgenza?
I problemi sono soprattutto organizzativi. Il problema numero uno è la burocrazia. L'Italia deve mantenere cinque, sei milioni di persone che deve pagare alla fine di ogni mese, e fanno poche cose e male. In Italia c'è un forte egoismo per cui nessuno vuole fare niente. Un altro problema di cui ora ci stiamo liberando è quello del clientelismo,[38] che coinvolgeva tutti, da democristiani a comunisti, e i comunisti oggi lo fanno ancora. E poi i comunisti che ostacolano il liberalismo. Alla televisione, nel teatro, nel cinema, troverai difficilmente personaggi di successo che non siano comunisti. Seguendo Gramsci,[39] i comunisti hanno teorizzato che il potere non lo potevano conquistare con la forza; bisognava farlo subdolamente conquistando poco a poco gli intellettuali, e ci sono riusciti in pieno. Ecco perché è così forte il comunismo in Italia: è la cultura di tutti i giornalisti, di tutti i professori universitari. Mentre i democristiani cercavano di accaparrarsi[40] le banche, le imprese.[41]

Perché pensa che il comunismo abbia avuto questo enorme successo nella cultura?
Perché hanno lavorato bene. Quando uno era bravino, lo aiutavano

---

[37]partito di destra, originalmente d'ispirazione neo-fascista; [38]Comportamento comune a molti partiti politici italiani, specialmente prima del 1993 (scandalo di Mani pulite), che si basa sul dare e ricevere (denaro/favori per voti, ecc.); [39]Antonio Gramsci (1891-1937), uno dei fondatori del Partito comunista italiano, influente figura politica e intellettuale, autore dei *Quaderni del carcere*, studi che dimostrano una vasta cultura che spazia dalla storia alla politica, dall'arte alla letteratura. Arrestato dal governo fascista nel 1926, muore in prigione; [40]accaparrarsi = prendere in modo non onesto, non trasparente; [41]impresa = compagnia che costruisce o produce qualcosa

nella sua carriera, questo poi a sua volta aiutava gli altri.

Era attraente sul piano delle idee?
Una volta crollato il fascismo era chiaro che bisognava provare altre idee. E quella più a portata di mano[42] e che veniva offerta col cucchiaino in bocca era l'idea comunista che è stata abbracciata da moltissimi italiani nel dopoguerra.

Secondo Lei, quali sono stati i successi economici dell'Italia dopo la fine del miracolo economico?
Direi uno solo: la moda. Pochissimi successi nel campo dell'industria, che è male organizzata ed ha costi molto alti.

E` ottimista per il futuro?
Come carattere sono un po' pessimista. Però per l'Italia sono ottimista per alcuni motivi. Primo, perché c'è un'enormità di piccole imprese commerciali che riescono a rimediare agli spaventosi, apocalittici sprechi[43] che fa il nostro governo, la nostra burocrazia. Il secondo motivo è che in tutto il mondo occidentale siamo in una ripresa[44] generale, più o meno. Tra alti e bassi il mondo tende a salire economicamente e ne risentiamo vantaggi anche noi: vogliono più scarpe italiane, magliette di Benetton e così via.

E il disavanzo[45] pubblico, la forte disoccupazione, non La scoraggiano?
La disoccupazione c'è soprattutto nell'Italia meridionale, ed è forte, ma nei dati ufficiali non compare che molti di questi disoccupati il lavoro ce l'hanno. Magari è lavoro nero – fanno lavoro che non risulta – oppure sono sottoccupati. E poi ci sono alcune regioni al Nord che hanno bisogno di manodopera e non riescono a trovarla, non riescono a convincere i disoccupati meridionali a trasferirsi al Nord. Inoltre bisogna dire che molti italiani, specialmente nel Sud, sono abituati alla povertà, quindi la disoccupazione non è una tragedia. Purtroppo la disoccupazione è molto forte tra i giovani diplomati e laureati: hanno bisogno di nuovi posti di lavoro, ufficiali. Però i genitori di questi ragazzi laureati hanno beni e quindi i ragazzi non si sentono di fare una ricerca disperata: i genitori gli danno soldi, possono vivere a casa fino ai trent'anni e c'è pure la macchina. Sì, abbiamo da un lato mille miliardi di euro di debiti, una cosa impressionante, ma abbiamo una fortissima capacità

---

[42]a portata di mano = *close at hand;* [43]*waste;* [44]ripresa = momento favorevole o situazione positiva che segue una fase negativa; [45]debito, si spende più di quello che si ha

imprenditoriale e produttiva che ci rende capaci di reggere[46] questo debito. La situazione certamente è in bilico,[47] perché c'è un rischio se la produzione cala.

Mi sembra che tutto sommato a Napoli si trova bene ...
Non mi posso lamentare e non mi sposterei.[48] Mi piace questa città: è bella e ho gli amici, ho delle relazioni qui.

I.   *Rispondere alle seguenti domande.*

1.   Com'era il mito dell'America per Lelio? Come si era formato?
2.   Secondo Lelio, perché gli italiani oggi sono più belli?
3.   Una volta che è andato in America, che cosa ha scoperto di enormemente positivo e che non si era immaginato?
4.   Com'è riuscito ad andare in America?
5.   Perché in America ha cambiato il suo indirizzo di studio?
6.   Dà qualche esempio di come il soggiorno in America ha influito sulla sua formazione.
7.   È stato facile l'ambientamento negli Stati Uniti?
8.   Perché i suoi sentimenti per gli americani non sono del tutto positivi?
9.   Secondo Lelio, perché ha avuto problemi alla RAI?
10. Che tipi di programmi faceva?
11. Cosa pensa Lelio dell'attuale situazione in Italia?
12. Secondo Lelio, è possibile un ritorno del fascismo in Italia?
13. Perché per lui la destra è preferibile alla sinistra nella politica?
14. Cosa pensa Lelio del comunismo in Italia?
15. Cos'è il liberalismo per Lelio?
16. Secondo Lelio, quali sarebbero i problemi più gravi in Italia?
17. Secondo Lelio, perché il comunismo è diventato forte in Italia?
18. Ci sono stati successi economici in Italia dopo la fine del miracolo economico?
19. Quale sarebbe un punto di forza nell'economia italiana?
20. Perché considera inesatti i dati ufficiali della disoccupazione in Italia?
21. Sembra proccupato per la disoccupazione in Italia?

---

[46]*sustain;* [47]*in the balance;* [48]spostarsi = muoversi, trasferirsi

II. *Suggerimenti per elaborazioni orali o scritte.*

A. Come può definire la posizione politica di Lelio? Documenti le Sue affermazioni citando dalla conversazione.

B. È comune che gli anziani siano spesso affezionati al passato e sentano il presente con un certo pessimismo. Citando esempi dalla conversazione e commentandoli, illustri come questo fenomeno si manifesta in Lelio. Può dare altri esempi concreti, pensando forse a conversazioni che hai avuto con i nonni o i genitori? Attenzione all'uso dei comparativi!

C. Il mito dell'America e gli stereotipi degli americani che Lelio aveva in gioventù venivano soprattutto dal cinema. Pensando al cinema contemporaneo, quali sono i nuovi miti, i nuovi stereotipi americani? Citi esempi concreti e li commenti. Si possono paragonare a quelli che aveva Lelio?

D. Anche se l'esperienza di Lelio in America è stata, tutto sommato, positiva, ha anche avuto momenti spiacevoli essendo 'diverso,' italiano. È mai stato/a presente quando una persona 'diversa,' straniera o di un'altra etnia, è stata oggetto di commenti poco gentili, offensivi, anche se non del tutto trasparenti? Narri al passato questa Sua esperienza. Perché pensa che in questi casi a volte nessuno intervenga, preferendo il silenzio?

E. Con un compagno di classe, si prepari una scenetta da presentare in classe, considerando bene la conversazione con Lelio. Si segua questa traccia: arrivato da poco negli Stati Uniti per studiare all'università, il giovane Lelio è a cena con un regista della televisione americana più anziano di lui che parla italiano perfettamente. Non conoscendo gli Stati Uniti, Lelio gli fa delle domande per chiarire alcune sue idee basate su stereotipi che ha imparato da film americani. Quali sono le domande di Lelio, e come risponde il regista? E, nelle sue risposte, come dimostra di avere una conoscenza dell'Italia fondata su degli stereotipi? Cosa si dicono per concludere la cena amichevolmente e per dimostrare una reciproca comprensione?

III. *Esercizi.*

A. Al presente del verbo sostituire un tempo passato scegliendo tra l'imperfetto e il passato prossimo.

Esempio: È una bella giornata di sole, così Mario va al mare anche se fa ancora troppo freddo.
Era una bella giornata di sole, così Mario è andato al mare anche se faceva ancora troppo freddo.

1. Procolo vuole tutto dai genitori, ma loro ripetono che non è giusto.
2. Vanth e Giusi devono registrare i cantanti dal vivo, ma l'attrezzatura non funziona e quindi decidono di rimandare a domani.
3. Ogni estate, quando vado dai miei cugini, so che hanno piacere di vedermi.
4. Mentre tu sei nello studio noti che i programmi sono trasmessi in diretta.
5. Conosco Tarcisio da due anni e apprezzo il suo punto di vista: lui spiega che c'è molta delinquenza perché i giovani non trovano un lavoro.
6. Alcuni politici teorizzano che non possono conquistare il potere subito: lo fanno poco a poco, subdolamente, e ci riescono.

B. Scrivere l'equivalente in italiano, facendo attenzione all'uso dei tempi passati.

1. Going to America was a dream.
2. I had a very vague idea about it that came from the American films I had seen.
3. We liked the huge American cars, and the kids seemed very healthy.
4. When I finally went, I found a job.
5. Carlo couldn't even imagine that he had to choose between two scholarships!
6. After they had changed their way of thinking, they became more careful (precise).
7. She used to make plans for her future.
8. Because they were jealous, they would say lots of bad things about her.

C. All'infinito del verbo in parentesi sostituire il modo e il tempo opportuno (i.e., Indicativo, Congiuntivo: presente, passato, imperfetto).

1. Credo che il problema numero uno oggi (essere) ＿＿＿＿＿＿ la burocrazia.
2. Se uno era bravino, gli altri lo (aiutare) ＿＿＿＿＿＿＿ nella sua carriera.
3. È vero che il governo (fare) ＿＿＿＿＿＿＿ apocalittici sprechi?
4. Casimiro metteva adesivi sul copione di modo che il regista (prendere) ＿＿＿＿＿＿＿ nota dei particolari delle inquadrature.
5. Ti dico la verità così che tu (sapere) ＿＿＿＿＿＿＿ come comportarti con la pittrice.
6. Se noi avessimo improvvisato lo spettacolo di rivista, il pubblico non lo (apprezzare) ＿＿＿＿＿＿＿ tanto.
7. Siete convinti che i vostri studenti non (finire) ＿＿＿＿＿＿＿ per domani quei noiosi libroni americani che parlano di economia.
8. Secondo loro, nel mondo dello spettacolo è difficile trovare personaggi di successo che non (essere) ＿＿＿＿＿＿＿ comunisti.
9. Il disavanzo pubblico e la forte disoccupazione (diminuire) ＿＿＿＿＿＿ quando le imprese faranno nuove assunzioni.
10. Il comandante della nave era sbalordito che la sera prima i suoi uomini (alloggiare) ＿＿＿＿＿＿＿ in vecchi capannoni.
11. Io volevo che i suoi colleghi invidiosi (smettere) ＿＿＿＿＿＿＿ di dire malvagità.
12. Abbiamo conosciuto molti giovani che non (sentirsi) ＿＿＿＿＿＿ di fare una ricerca per un posto di lavoro perché (stare) ＿＿＿＿＿＿ bene a casa.

D. Riscrivere le frasi sostituendo pronomi alle parole sottolineate e facendo altri cambiamenti opportuni.

Esempio: Cameriere, ci prepari queste bistecche!
Cameriere, ce le prepari!

1. Dia a me quel copione!
2. Per piacere, ci porti le bibite!
3. Non si compri quelle scarpe bianche!
4. Consigliami un buon programma televisivo!
5. Non dimenticarti di vedere quella trasmissione dalla portaerei!
6. Per favore, ci racconti quella barzelletta!

7. Leggete <u>il libro ai bambini</u>!
8. Per favore, <u>faccia la fotografia a mia zia</u>!
9. Dimmi <u>la verità</u>!
10. Per cortesia, trovi <u>un lavoro per Learco</u>!
11. Non presentare <u>Maria al generale LoMonaco</u>!
12. Non preoccupatevi <u>della disoccupazione</u>!
13. Lascia <u>la mancia al cameriere</u>!
14. Compriamo <u>la videocassetta per i genitori</u>!
15. Non permettano <u>ai giovani di bere il vino</u>!

Quarta conversazione: Carla

CARLA, sposata e con tre figli, insegna nelle scuole elementari e allo stesso tempo adempie[1] alle sue responsabilità di madre e di moglie.

SCHEDA DI CULTURA: Il femminismo in Italia.

Il femminismo in Italia si diffonde[2] specialmente alla fine degli anni Sessanta durante un periodo in cui la società italiana è attraversata da profonde trasformazioni che la segneranno[3] per quasi un decennio.[4] Si può quindi affermare che il femminismo in Italia ha portato un miglioramento generale della condizione della donna italiana. Infatti, con il suo impegno[5] durante quel periodo viene passata la legge per il divorzio, la legalizzazione dei contraccettivi e dell'aborto. Negli anni Ottanta viene creata una Commissione governativa per le pari opportunità tra uomo e donna, tra le cui responsabilità c'è l'attuazione[6] del principio di parità nel trattamento nel lavoro.

Lei è sposata, con tre figli, Suo marito ha un'attività commerciale molto avviata[7] e Lei insegna nelle scuole elementari. Cosa significa lavorare per una donna italiana con una famiglia?
Un gran sacrificio e un'elevata capacità di organizzazione. Anche fare forza sulle proprie energie perché, nonostante l'idea storica dell'Italia dove ci sono i nonni, le mamme, la famiglia ancora unita, si è trasformato questo concetto. Spesso la donna che lavora deve organizzarsi individualmente come sostegno[8] ai figli, anche perché mi sembra che le famiglie si formino spesso non più giovanissime, quindi non si può contare su nonni o altri aiuti da parenti. Negli ultimi anni poi si vede che i ragazzi non vogliono più uscire dalle famiglie, forse per la comodità che questa offre, la mamma che pensa a dar da mangiare, pulire,

---

[1]adempiere = *to fulfill*; [2]diffondersi = *to spread*; [3]lasceranno un segno; [4]periodo di dieci anni; [5] interesse e lavoro; [6]fare diventare realtà, realizzare; [7]sviluppata; [8]*support*

far trovare tutto sistemato;[9] e poi c'è anche una grossa difficoltà nel trovare lavoro e anche a trovare le case. Questo problema incide nel formare le nuove coppie; magari vorrebbero sposarsi, ma il lavoro si trova difficilmente e così spesso rimangono in casa e talvolta il carico[10] del lavoro per la madre è ancora maggiore. Va previsto[11] che uno che si forma la famiglia la deve mantenere per parecchio, quindi ancora di più il carico sulle spalle di una donna che lavora. È grosso, grosso.

È un doppio lavoro dunque?
Anche triplo, perché l'organizzazione materiale della famiglia è già un lavoro, poi c'è quella morale, quella del sostegno psicologico ai figli, al marito; in più c'è l'attività fuori. Io sinceramente penso che sia triplo, ed è pesante; può gratificare però taglia parecchio le aspirazioni di svolgere la professione avendo la possibilità di andare avanti, di crescere. Io lavoro in un settore pubblico quindi ci sono pochi incentivi al progredire. Nel settore privato al livello medio-alto dell'azienda ci sono pochissime donne che hanno famiglia, figli. Appena ci sono i figli c'è un freno.[12]

Conosce altre donne nella Sua stessa situazione?
Ognuno conosce in profondità la propria situazione quindi non è sempre facile fare un confronto perfetto. Nel giro delle mie amicizie[13] ci sono anche molte donne che non si sono sposate, talvolta anche per una scelta per cui fanno un tipo di vita molto diverso. Oppure il numero dei figli: noi ne abbiamo tre, però in Italia è già un caso al limite perché i figli ora sono uno, qualche volta due, e quindi la mia situazione è un po' anomala; io conosco pochissime persone che hanno tre figli. Alcuni mi chiedono perché lavoro ancora; avevo l'opportunità di andare in pensione prima, ma non l'ho fatto perché il lavoro mi piaceva e mi dava possibilità di evasione, di avere rapporti diversi, anche un approfondimento[14] mio. Magari molte persone si stupiscono[15] che io non l'abbia fatto all'epoca, quand'era possibile ancora farlo; si poteva andare in pensione dopo vent'anni di insegnamento.

Ha detto prima che la famiglia italiana si è trasformata: come si è trasformata, secondo Lei?
La trasformazione grossa è avvenuta a cavallo degli anni Cinquanta-

---

[9]in ordine; [10]load; [11]deve essere previsto, bisogna pensare; [12]*brake*; [13]tra le mie amicizie; nel gruppo dei miei amici; [14]specializzazione; [15]si meravigliano

anni Sessanta, quando c'è stato il boom economico e la trasformazione del vivere più legati alla tradizione, alla campagna; c'era anche la vita cittadina, ma era su ritmi più vicini alla vita rurale. Si sono interrotti in maniera abbastanza forte i legami con gli anziani: questa è una grossa perdita secondo me. È difficile ricostruire il rapporto della memoria, un rapporto importantissimo con gli anziani che facevano memoria della loro esperienza, di un passato, di vicende storiche, anche di un modello di vita, di moralità, di convenzioni. In quegli anni è stato rotto, rifiutato, e attualmente la famiglia è a un livello di mononucleare, e i rapporti con i nonni sono limitati – non parlo in maniera personale, ma abbastanza generale. Poi c'è stata la grossa incidenza della televisione che ha occupato momenti vuoti[16] dei figlioli ma anche degli anziani, e li ha non dico ottusi,[17] ma ha levato l'opportunità di comunicazione. Le opportunità di comunicare un po' si sono perse per un atto voluto di cambiamento, una rivoluzione cercata. Un po' prima piaceva ritrovarsi;[18] poi sono passate queste velleità[19] da parte degli anziani.

È uno sviluppo soprattutto negativo?
No, non sono pessimista, ma ho sicuramente la convinzione che si dovrà recuperare qualcosa e sarà un processo faticoso, di riflessione. Questa proiezione all'esterno[20] ha un dinamismo e mi sembra che abbia portato a perdere qualcosa. Vedo che questa consapevolezza[21] di una crisi di comunicazione è talmente sentita da molti, e c'è una ricerca di nuove forme di comunicazione.

Sono frequenti i contatti con la famiglia allargata – suoceri, cugini e così via?
No, no, con la mia famiglia forse un po' più frequenti; dalla parte di mio marito ci sono state delle rotture,[22] delle tensioni e quindi i rapporti sono un pochino rarefatti. Però c'è una serie di altri rapporti che non dico li rimpiazzino,[23] perché secondo me quelli familiari fanno parte delle radici.[24] Io mi trovo all'opposizione dell'idea di mio marito, che dice che a lui l'anagrafe[25] non importa niente. Io no: sono vissuta in campagna, ho avuto un'esperienza legata ai rapporti anche del borgo; non solo dei parenti, ma del paese. Quindi io ci soffro tremendamente, ho dei bellissimi ricordi. Ecco, viene meno questo aspetto della memoria perché oggi il rapporto fra le varie componenti che hanno un legame affettivo è

[16]in cui non avevano niente da fare; [17]*numbed*; [18]*get together to chat*; [19]desiderio; [20]Si ha poco tempo da passare insieme in famiglia; [21]rendersi conto; [22]I rapporti non sono buoni, non si vedono e non si parlano; [23]prendano il loro posto; [24]La radice è la parte della pianta che sta sotto terra e fornisce l'alimentazione; [25]l'età di una persona

spesso un po' frettoloso, improntato a una verifica, un controllo:[26] 'Hai fatto questo? Raccontami!' e si perdono anche questi momenti di riflessioni. Tutto spinto a correre, correre! Così non c'è tempo per riflessione! Questo mi interessa sia per i figli che per i ragazzi a scuola; certe volte hanno questa estrema facilità di pensare che le cose si possano affrontare,[27] e ciò mi lascia un po' perplessa perché so benissimo che la realtà può deluderti se non ti impegni fortemente con grosso sacrificio, e ad ogni tappa ci possono essere conquiste o spesso i risultati non vengono. In un ambiente come il nostro, appunto, in cui ai figli è stato garantito più che il necessario, manca – penso – quest'incentivo a conquistare col sacrificio.

Pensa che in Italia la maggior parte delle donne lavori per necessità economica o per realizzare soddisfazioni personali?
No, penso ci siano anche tutt'e due i motivi, ma principalmente adesso è per farlo per interesse, un piacere, una realizzazione: sono per lo meno le risposte che ho io di esperienze dirette. Molte donne che conosco potrebbero fare a meno di lavorare e poi vedo, come altra riprova, persone che hanno scelto nel settore pubblico di andare in pensione solo quando avevano la certezza di poter svolgere qualche altra cosa per non dire: 'Io in casa cosa faccio?' Questo ruolo della donna casalinga e basta è sicuramente faticoso, ma non credo gratifichi tantissimo.

L'Italia è spesso considerata un paese che privilegia il maschio in modo fin troppo evidente. Com'è cambiato il ruolo della donna?
Penso certamente che si sovrappongono[28] vari ruoli. Nella grandissima maggioranza dei rapporti che io conosco il maschio fa poco o niente nell'ambito della casa. Magari si collabora per l'andamento familiare, però il ruolo materiale di curare l'andamento familiare rimane sempre alla donna. E quindi, come dicevo, bisogna avere questa grossa capacità organizzativa per salvaguardarsi.

Il maschio dunque non partecipa ...
Non è che ci sia un disprezzo.[29] Ma io lavorando, c'è una minore richiesta delle prestazioni.[30] Ora non ci si arrabbia più quando la casa è lasciata in disordine o la camicia non è stirata bene. C'è un po' di

---

[26]Per il poco tempo a disposizione (la fretta), si fanno domande brevi che porteranno a risposte brevi; [27]affrontare = *to face*; [28]C'è più di un ruolo (sovrapporre = mettere uno sopra l'altro); [29]disprezzare = non dare nessun'importanza; [30]La famiglia non le chiede esplicitamente di fare tutto, sempre.

condivisione, ma non c'è un'alternanza, una rotazione: no, non esiste proprio.

Sta cercando di abituare i suoi figli maschi in modo diverso?
Ricordo di aver letto un libro dalla parte delle bambine alla fine degli anni Settanta in cui si evidenziava questa differenza in educazione; la madre si rapportava in maniera diversa[31] con la figlia, le proiettava la propria sudditanza,[32] in parole povere. Io credo questo di non farlo: mi sforzo continuamente di farli collaborare, a vedere che questi ruoli, via via che cresceranno anche loro, saranno trasformati; sono in evoluzione adesso, quindi progredirà quest'evoluzione e non voglio che loro si trovino in disagio, in difficoltà; che possano capire che bisogna lavorare tutti, che sentano quest'impegno. Ovviamente il discorso alla loro giovane età è più ampio, più formativo, mirato[33] a sentire un senso di responsabilità anziché la costruzione di un ruolo maschio o femmina. Poi il resto dovrebbe venire con la maturità, ma non è detto che ci si sia riusciti: io certe volte sono un po' sconfortata. Il più grande che ha quindici anni cerca una sua autonomia, si sente grande, forte, si scontra con il padre, ha questo bisogno di imporre, vuole infrangere le regole: spero sia una fase transitoria, che porti a qualcosa di positivo, perché così, veramente ...

Prima aveva usato l'aggettivo 'sacrificata' ...
L'avevo detto riguardo alla vita e alle ambizioni e alle aspettative che ognuno ha. Ci sono delle cose che si pensa abbiano una priorità e il desiderio pur giusto che porterebbe via spazio e tempo. Per esempio seguire delle iniziative politiche a me interessa molto; anche lì cominciava ad essere un diversivo.[34] Quindi si comincia a lasciar soli i figlioli una volta, due volte la sera, magari deve subentrare il marito che anche lui lavora. O ci si sacrifica in due, o un pochino per uno, ma non puoi andare avanti come faresti da sola.

Che cos'è il femminismo in Italia?
Negli anni in cui è scoppiato e ha avuto molto spazio è stato un movimento forte. Come manifestazioni ha portato i suoi effetti, ha cambiato, ha messo in crisi il ruolo maschile nel ruolo tradizionale. È stato positivo, ma nei momenti di passaggio, finché non è venuta fuori un'altra

---

[31]aveva un rapporto diverso; [32]Le faceva da modello nel dover obbedire ai maschi; [33]avendo lo scopo, l'obiettivo; [34]distrazione

coscienza per quello che uno è, anche la donna ne risente per il ruolo suo. Hai magari vicino una persona che era sicura e sapeva qual era il suo compito e dopo lo vedi un po' sfumato,[35] incerto, poliedrico,[36] più soggetto ad andare in crisi. Anch'io avevo partecipato a riunioni di autocoscienza[37] ma con la mia identità ci vedevo qualcosa di eccessivo. Comunque il fondamento di questo cambiamento è stato indubbiamente positivo, perlomeno avendo portato una consapevolezza diversa dei propri diritti sul piano della salute, e vivere senza più sensi di colpa per determinate posizioni e scelte; questo era tipico della donna, della madre messa nella situazione di dover svolgere tutto lei, e che quindi vive qualsiasi cosa che ambisce a fare – e che magari comincia a fare – con un senso di colpa, un tradimento dell'altro suo compito. Ora questo mi sembra sia stato superato.[38] Di negativo bisogna dire che ha portato per alcuni una profonda crisi nel ruolo maschile, non dico solo nelle coppie più giovani, ma anche nelle coppie che avevano un po' di affiatamento.[39]

È finito il femminismo in Italia?
Ormai come aspetto esteriore penso di sì; forse ci saranno dei ricorsi.[40] Credo che siano state incorporate alcune consapevolezze, però – ripeto – i ruoli della donna rimangono sovrapposti. Per questo mi auguro che ci sia un'ulteriore evoluzione, ma per una donna italiana ho paura che ci voglia solo un incontro meraviglioso con una coscienza maschile formata, perfetta, con un grado di rispetto e di preparazione eccelso! Io per la mia esperienza diretta ed allargata alle amicizie, sono convinta che il processo è molto graduale. Per ora ci vuole un accomodamento, un compromesso, ma i ruoli sovrapposti rimangono.

I Suoi genitori abitano nella casa accanto, anche Suo fratello. È stata una scelta consapevole, essergli vicino?
No, è stata casuale: era la casa della famiglia prima dell'acquisto di un'altra casa. La mia sorella minore invece ha scelto di abitare lontano.

Vorrebbe continuare questa vicinanza con i Suoi figli?
Io penso proprio di no. In certi momenti ho ammirato moltissimo la determinazione di mia sorella di avere autonomia, un distacco, pur mantentendo affetti e rapporti anche di più perché vedendosi meno

---

[35]assente; [36]con tante cose diverse da fare; [37]riunioni di donne per discutere la propria posizione nella società; [38]non c'è più; [39]Avevano un rapporto buono e più lungo. [40]ci saranno dei ricorsi = ritornerà

c'è un rapporto più di eccezionalità. Mio fratello invece non è riuscito a distaccarsi dai nostri genitori, e lo trovo negativissimo: lì si ricalca[41] il ruolo del maschio che è stato più protetto, c'è proprio un legame a cordone.[42] Io mi sento più autonoma, ma talvolta la mamma e il babbo non sentono allo stesso modo, e quindi non vengono ascoltate le mie parole in decisioni; rimango sempre la figlia.

Quando si dice 'famiglia,' quali associazioni mentali fa?
Parlare, raccontarsi le cose, scherzare; poi sul piano più concreto, una collaborazione. Però l'immagine che penso sempre è di una favola, di una gioia di rivedere insieme la giornata passata. Spesso ci si trova al livello consuntivo,[43] siamo sempre un po' proiettati fuori, e c'è il momento della sera in cui ci si trova. Non è sempre che si realizzi, ma il mio pensiero è questo, come immagini che mi vengono in testa.

Quando pensa di andare in pensione?
Rimarrò, decrepita; ma ho un progetto di cambiamento. Sai che insegno alle elementari; però ho il titolo di studi che mi permette anche di insegnare alle medie e ho l'abilitazione per insegnare italiano. Ho dunque fatto la domanda quest'anno per passare alle medie, e la ripeterò l'anno prossimo perché so che non l'otterrò. Quindi è forse cominciare una seconda carriera; forse ci arriverò sdentata,[44] non so. Talvolta arrivo alla fine dell'anno stanca, e quindi penso: 'Mamma mia, magari dedicarmi alla lettura!' che mi piace molto, o pensare un pochino a me, o andare in palestra, e me le devo vietare perché vengono prima loro. Poi dico: 'Ma sono così legata alla casa, ho meno opportunità di svolgere qualcosa!' A volte penso: 'Magari mi fossi inserita in un altro giro,[45] qualcosa legata al volontariato, occuparmi nel mio tempo libero di qualcosa di utile!' Ma questo non lo prevedo molto imminente. Dunque altri dieci anni – anche quindici – di insegnamento. Potevo cogliere quell'occasione di pensionarmi, come ho detto, ma non volevo: era anche una scelta morale. Ero al pieno delle energie, capacità: smettere proprio nel fiore, no. Poi penso che a quarant'anni sei al massimo, è una metà della vita bella, energia intatta, sei determinata. Quindi pensionarti per essere a disposizione completa della famiglia? Non credo, e non mi sento neanche ripagata; ti senti che con il tuo lavoro hai un punto in più. Qualche volta ai figli dico, quando non mi aiutano: 'Allora vado in pensione!' E

---

[41]si ripete; si ricrea; [42]cordone ombelicale; [43]*There is only time enough to report on the day's activities*; [44]senza denti, vecchia; [45]*group of people, friends with other interests* (ambiente)

loro: 'No, mamma! Ci fa piacere che tu lavori!' Quando magari gli chiedono: 'Cosa fa la tua mamma?' 'La mia mamma è insegnante!' Quindi
un senso di soddisfazione in più, anche da parte loro, una valutazione
diversa: non solo ti occupi di far da mangiare, governi[46] la casa; tutto
nasce da come ti stimi, hai rispetto di te. Ci sono anche situazioni che
sono un pochino complesse e controverse; non è che questa sicurezza
sia sempre costante. C'è un'ideologia di fondo, ma anche dei momenti
in cui ti mettono a dura prova, talvolta rinunciare a una cosa che ti piacerebbe molto. Tempo addietro mi mandava in crisi; ora scegli qualcosa
che ti soddisfa all'esterno della famiglia. Tutto non lo puoi fare, ecco.
Ho visto persone che facevano scelte più totalizzanti[47] e allora la famiglia saltava.[48]

I.   *Rispondere alle seguenti domande.*

1. Com'è diventato più difficile il ruolo della donna in Italia?
2. Perché molti giovani italiani tendono a rimanere più lungo a casa?
3. Secondo Carla, perché non è facile seguire una carriera per una
    donna con una famiglia?
4. In che senso la sua situazione familiare è un po' anomala?
5. Perché lavora?
6. Come si è trasformata la famiglia italiana?
7. Secondo Carla, quali sono stati gli aspetti negativi?
8. Perché sono limitati i contatti con la famiglia del marito?
9. Perché è importante la riflessione?
10. Come mai a volte si sente perplessa?
11. La maggior parte delle donne italiane lavora per bisogno econo-
    mico?
12. Com'è cambiato il ruolo della donna?
13. Secondo Carla, i maschi italiani aiutano molto in casa?
14. Come sta cercando di abituare in modo diverso i suoi figli maschi?
    È sempre ottimista?
15. In che senso si sente 'sacrificata?'
16. Cosa pensa del femminismo? Quali sono stati gli effetti positivi?
    Negativi?

---

[46]metti in ordine, pulisci; [47]complete; [48]*blew, went down the tubes*

17. Secondo Carla, il femminismo ha portato a un'equa divisione delle responsabilità casalinghe tra moglie e marito?
18. Pensa che sia bene abitare vicino ai genitori?
19. Perché non vuole andare in pensione?
20. Cosa rappresenta per Carla l'insegnamento?

II. *Suggerimenti per elaborazioni orali o scritte.*

A. Come pensa sia diversa (o simile) nel Suo paese la situazione della donna con famiglia che ha anche un lavoro? Faccia degli esempi specifici, con attenzione all'uso del comparativo. Usi almeno cinque esempi di congiunzioni che reggono il congiuntivo.

B. Come sarebbe più facile la vita di Carla? Citando la conversazione, indichi con almeno tre esempi concreti alcuni cambiamenti che tu pensi lei gradirebbe. Quali pensa che siano i più fattibili?

C. Carla vorrebbe un ritorno a una famiglia in cui c'è posto per gli anziani e c'è più tempo per ritrovarsi insieme e comunicare. Invece 'tutto è spinto a correre, correre.' Sembra insomma che manchi il tempo, tutti sono troppo occupati. Condivide quest'opinione di Carla? È d'accordo che un recupero, benché desiderabile, sia difficile o anche impossibile?

D. Conosce una coppia con figli in cui nessuno dei due si sente 'sacrificato' e c'è un'alternanza e una collaborazione per l'andamento della famiglia? Usando esempi concreti, descrivere come funziona il rapporto. Sarebbe in grado di 'sacrificarsi' per l'amore del coniuge o della famiglia?

E. L'Italia ha uno dei tassi di natalità più bassi del mondo e le conseguenze negative di questo sviluppo già si fanno sentire. Ultimamente il governo discute degli incentivi per stimolare la crescita delle natalità. Si svolga un dibattito in classe sostenendo o i benefici di una bassa natalità in Italia o il bisogno di accrescerla, prendendo la posizione contraria alla Sua.

F. Con un compagno di classe, si prepari una scenetta da presentare in classe, considerando bene la conversazione con Carla. Si segua questa traccia: sono passati vent'anni, la figlia di Carla si è sposata ed ha appena avuto un bambino. La figlia vuole sapere da Carla cosa dovrebbe fare per non ripetere i momenti difficili che la madre ha dovuto superare. Quali domande fa la figlia? Quali consigli dà Carla? Su quali consigli non è d'accordo la figlia, e perché?

III. *Esercizi.*

A.   Riscrivere le frasi per creare un periodo ipotetico.

Esempio: Sono felice se mia figlia si laurea con il massimo dei voti.
Sarei felice se mia figlia si laureasse con il massimo dei voti.

1.   Se Pasqualinda sarà così legata alla casa, non avrà tempo per cre-
     scere nella sua carriera.
2.   Saverio potrà andare in pensione se finirà altri cinque anni di inse-
     gnamento.
3.   Ci sentiamo ripagati per i nostri sforzi se i figli fanno bene a
     scuola.
4.   Se tu non ti sei realizzato, è solo colpa tua.
5.   Se i giovani troveranno lavoro non dovranno rimanere a carico
     dei genitori.
6.   Stasera ci divertiamo se possiamo contare sui nonni per stare con
     il nostro piccolo Darrell.
7.   I legami con gli anziani sono forti se ci si vede spesso.
8.   Se non vi piace la vita del borgo dovete cercare una situazione più
     isolata.
9.   I risultati non ci saranno se Duane non s'impegnerà con sacrificio.
10. Walter non si arrabbia se Griselda non finisce di stirare le camicie.

B.   Scrivere l'equivalente in italiano facendo attenzione all'uso del
     congiuntivo.

1.   It was important for Maurizia to work.
2.   My parents wanted me to get married.
3.   I hope I have three children.
4.   They think that the male role should change.
5.   Although Geraldine had chosen not to retire, she preferred a
     change.
6.   We would have helped mom if she had asked us to do it.
7.   If you are in a deep crisis you need to have fun.
8.   My wife would be proud if I were to clean the house.

C.   Trasformare i verbi al futuro. Si ricordi che in italiano, se il verbo
     principale è al futuro, si usa il futuro dopo *se*, *appena* e *quando*.

Esempio: Quando io sono in Italia mi sento a casa.
Quando sarò in Italia mi sentirò a casa.

1. Se tuo marito fa da mangiare, tu puoi occuparti dei figlioli.
2. Appena Joe torna a casa, accende la televisione.
3. Io capisco mia moglie quando mi chiede di governare la casa.
4. Dobbiamo scegliere se vogliamo smettere di lavorare o no.
5. 'Professor Geronti, appena finisce di insegnare deve riposarsi.'
6. È una situazione controversa e complessa quando vengono a tro-varmi i miei genitori.
7. Per molte donne, la carriera viene messa da parte appena nascono i figli.
8. Voi svolgete bene il vostro lavoro se rimanete tranquilli.
9. Appena vuoi stirare le camicie, me lo dici.
10. Se si trasforma il rapporto con gli anziani, si perde un'importante occasione per comunicare.
11. Preferiamo non fare una rottura completa con i parenti se non li vediamo per molto tempo.
12. Appena la zia Cesara comincia a raccontare la sua giornata, tutti si alzano e vanno via.

D. Trasformare gli aggettivi in avverbi e li usi in una frase che ne illu-stri il significato.

Esempio: regolare
regolarmente Mahmoud ed io ci sentiamo al telefono regolarmente.

1. decrepito 2. inutile 3. psicologico 4. profondo 5. negativo
6. faticoso 7. frequente 8. frettoloso 9. attuale 10. disordinato
11. instancabile 12. enorme

E. Inserire un avverbio per completare il senso della frase.

Esempio: Non avendo mangiato carne per quasi un anno, Olivia divorava _avidamente_ la bistecca che Riki le aveva ordinato.

1. Avendo catturato la mosca, il piccolo Sotiris saltò _____ dal tavolo al pavimento.
2. Parla _____ perché _____ gli altri non ti sentono.

3. L'interrogazione di astrofisica è andata _____ per Pier-
   carmine: ha preso quattro.
4. Lo zio Heinz si era addormentato seduto _____ sulla
   poltrona.
5. Non essere _____ sconsolato!
6. Ci salutiamo _____ benché non ci vediamo _____.
7. Vi siete alzati _____ perché dovevate uscire prima
   delle otto.
8. Riunita in salotto, tutta la famiglia discuteva _____
   gli avvenimenti della giornata.
9. In casa c'è molta tensione: è _____ andare _____.
10. Sentite un gran senso di colpa per esservi scontrati _____
    sulla questione del ruolo maschile.

Quinta conversazione: Gennaro

GENNARO, napoletano, da molti anni svolge *due lavori. La mattina fino al primo pomeriggio è infermiere presso uno dei grandi ospedali di Napoli; la sera gestisce un ristorante.*

SCHEDA DI CULTURA: L'alimentazione[1] degli italiani.

È noto che in Italia si dà molta importanza all'alimentazione, e che ogni città o paese ha una sua tradizione culinaria particolare. Mentre in nord America si parla di 'cucina italiana meridionale'[2] – cioè soprattutto pasta e pizza con tanto pomodoro, o 'cucina italiana settentrionale'[3] – ovvero meno pasta e pizza e pomodoro, più scaloppine di vitello, funghi, risotto – nessun italiano si sognerebbe mai di caratterizzare in questo modo la tradizione culinaria della penisola. Infatti, le diverse tradizioni culinarie riflettono la geografia locale. Così in Italia le zone costiere[4] hanno cucine basate soprattutto sul pesce di mare, quelle interne sulla carne e il pollame;[5] l'agnello e il capretto[6] nel più arido sud e nelle zone di montagna del centro-sud, come l'Abruzzo; il pesce di lago trionfa nelle cucine dei centri vicino ai laghi. Anche se diffusa in tutta la penisola, la preparazione della pasta e del riso obbedisce anch'essa alla tradizione usando ingredienti locali. Un'altra abitudine alimentare è il consumo di tante verdure , ortaggi e frutta di stagione. La giornata comincia con la prima colazione, di solito a base di caffè, pane, burro e marmellata, o un cornetto,[7] anche se sta aumentando il consumo di cereali, spinto anche dalle multinazionali che operano nel campo. Il pasto più importante è consumato nel primo pomeriggio, tra l'una e le due. Di solito si comincia con un primo piatto a base di pasta o di riso, un secondo di carne, pesce, o pollo, con contorni di verdura o ortaggi. Normalmente si finisce con della frutta, più raramente con un dolce. A tavola si beve vino e acqua, ma aumenta il consumo di altre bibite gassate. Quasi nessuno beve latte a pranzo. Di sera c'è

---

[1]quello che mangiano e bevono; [2]del sud; [3]del nord; [4]sulla costa, vicino al mare; [5]pollo e simili; [6]giovane capra; [7]tipo di pasta, un po' come il *croissant*

la cena, normalmente più leggera del pranzo, consumata di solito non prima delle otto. Durante l'estate, specialmente quando si è in vacanza, la cena può diventare il pasto più importante, sempre scandito[8] da diverse portate: primi di pasta, riso o anche minestre o zuppe; secondi che possono anche includere uova o formaggi; contorni di insalate o altri ortaggi; frutta. L'importanza che si dà all'alimentazione è anche confermata dalla disponibilità[9] degli italiani a spendere proporzionalmente molto di più dei nordamericani per mangiare bene, sia a casa che al ristorante.

* * *

SCHEDA DI CULTURA: Attività commerciali familiari.

Una caratteristica dell'economia italiana è la forte presenza di aziende e attività commerciali a conduzione[10] familiare. Di solito piccole, con meno di dodici dipendenti[11] (il 94% delle aziende italiane conta meno di 100 dipendenti), queste attività danno lavoro a parenti e vengono spesso passate da padre (e madre) a figli, che non sempre sono all'altezza[12] di gestire[13] bene l'azienda o disposti a continuare l'attività. Anche se le aziende a conduzione familiare sono un po' diminuite, è ovvio il bisogno di una conduzione competente e all'avanguardia per rimanere competitivi in un mercato sempre più difficile, facendo così posto a nuovi dirigenti assunti[14] senza considerazioni di parentela.

Com'è entrato nella ristorazione?

Parliamo in prima persona di come sono entrato nel settore. Per potere entrare in quest'attività innanzitutto bisogna essere dotati di una fantasia enorme e di volontà di sacrificio per il tempo che richiede. Faccio un esempio: io stamattina sono stato al mercato del pesce alle cinque della mattina dopo che ho fatto le due di notte la sera prima; quindi tre ore di sonno; poi spostarmi,[15] andare al mercato di zona per approvvigionarmi[16] di pesce fresco perché è mia intenzione stasera far mangiare bene come sempre i miei ospiti. La nostra cucina è espressa,[17] quindi la freschezza è molto importante. Di esperienza nella ristorazione ne ho una trentina d'anni sui miei cinquanta però fin da giovane desideravo poter stare a capo di un ristorante, e ho fatto la gavetta.[18] Per poter fare il ristoratore c'è necessità di sapere tutti i fatti del mestiere: è importante partire da lavare i piatti. Intorno al cibo ci sono sempre stato per-

---

[8]diviso, organizzato; [9]*willingness;* [10]I membri della famiglia sono i proprietari e capi dell'azienda; [11]lavoratore, operaio o impiegato che dipende da chi dà il lavoro; [12]preparati e bravi; [13] essere direttori e/o proprietari (il gestore); [14]assumere = *to hire;* [15]andare da casa al mercato; [16]*supply myself;* [17]I piatti vengono cucinati al momento dell'ordinazione, non in anticipo; [18]Ha cominciato con i lavori più umili nel settore.

ché i miei genitori avevano un supermercato di generi alimentari, e io da ragazzo avevo sempre dato una mano. Però a ventitré anni presi un altro impiego come infermiere che divenne il primo. Poi un bel giorno decisi di lasciare il supermercato e cercare qualcosa che poteva rendere di più, perché con quel lavoro non ce la facevo con una famiglia a carico. Una volta sposati bisogna darsi da fare; poi nasce il primo figlio, i problemi aumentano. Era quindi necessario lavorare oltre il mio lavoro: i soldi erano un po' troppo ristretti, volevo vivere meglio e dare un po' di più alla moglie, ai figli, a me stesso. Con lo stipendio che percepivo purtroppo non si riusciva a vivere bene, avere una macchina o farsi passare tanti sfizi.[19] Decisi dunque di fare un'altra attività senza intaccare[20] la prima, essendo ciò possibile avendo a disposizione tutte le ore serali della mia vita. Quindi all'epoca iniziai a lavorare in altri ristoranti abbastanza validi, passando anche per dei ristoranti di basso livello nei primi tempi. In questo modo ho acquisito un'esperienza nel campo sala, nel campo cucina e anche nell'acquisto del prodotto, che è la base essenziale per poter portare avanti un ristorante. Ho lavorato così per alcuni anni perché quest'attività rende, dà anche discrete soddisfazioni economiche con il sacrificio che uno impegna, ovviamente. Parlo di venticinque anni fa: ero fresco sposo, avevo la prima bambina che oggi ha ventisei anni. Come ho detto, sono cresciuto intorno al cibo, e i miei primi passi nella ristorazione sono stati più facili anche perché già avevo un mio bagaglio di esperienze. La cucina era un mio hobby; mi piaceva cucinare in casa tra amici e già riuscivo a preparare tante cose buone. Però come in ogni cosa fatta bene, ci dev'essere una predisposizione, deve nascere nella persona. L'esperienza pratica di gestire un ristorante è nata così: un mio vecchio amico proprietario di un ristorante, poveretto, si doveva fare amputare una gamba e assolutamente non poteva portare avanti la sua attività. Mi disse che se avesse trovato una persona che gli desse una mano, gli stesse vicino, lui avrebbe continuato, altrimenti avrebbe tolto tutto. Il locale era abbastanza avviato.[21] Un bel giorno, quindi, mi disse: 'Senti, io ho bisogno di una persona che faccia un po' da manager per controllare la sala, per approvvigionarmi e fare altre cose.' Io dissi: 'Va bene, facciamo una prova; vediamo cosa salta fuori.[22] Io sono predisposto però non so ancora fare questo tipo di attività' Aveva enorme fiducia in me. Ho quindi iniziato prima a gestire, facendo capo alla sala, al magazzinamento, poi

---

[19]soddisfare desideri materiali non necessari; [20]disturbare; [21]Il ristorante aveva sviluppato una sua clientela che permetteva un guadagno; [22]succede

in cucina: ho fatto un po' di tutto per sapere come fare il meglio per portare avanti questo tipo di attività. Ogni giorno dopo il primo lavoro andavo al ristorante iniziando prima a vedere dove stavano i punti deboli della situazione, i buchi da tappare,[23] dove stavano le esigenze di tutto. E man mano ho cominciato a vedere i punti più caldi. Come prima cosa mi dovetti dare da fare per gli approvvigionamenti perché lui non poteva più guidare.

Aveva detto che gli approvvigionamenti sono molto importanti; sembra che se ne occupi solo Lei.
Sì, secondo me è la base. È anche una responsabilità che si può lasciare ad altri quando si ha veramente la sicurezza, la garanzia. Io sono un po' accentratore delle mie cose[24] e tutte le spese vanno fatte da me. Le spiego: per far mangiare bene la gente bisogna saper acquistare; solo così si fa mangiare a prezzi giusti e si fa variare la scelta. La base è l'acquisto: quando la mattina faccio il giro del mercato, vedo quello che mi sta bene e quello che non mi piace; oppure penso: 'Questa è una cosa nuova; questa la potrei fare in questo modo': tutto per fare in modo che la clientela resti soddisfatta, continui a venire; che il mio ristorante rimanga un posto di fiducia, dove si trova varietà e prodotti cucinati al momento quando vengono ordinati sera per sera. Ci sono anche i ristoratori che fanno altrimenti pur di risparmiare soldi. Ed ecco perché è importante la gestione e saper comprare bene: alcuni cominciano a pensare: 'Questi pesci possono passare, spendiamo tre euro al chilo in meno; su questo risparmiamo un euro al chilo, e quindi ho risparmiato cento euro.' Invece per me questo ragionamento è sbagliato. Se risparmi ma non hai un prodotto freschissimo, se quel giorno non lo usi tutto, dopo lo devi buttare. Invece con la giusta conservazione il prodotto freschissimo va bene anche il giorno dopo; quindi hai risparmiato avendo pagato di più. E così ho sempre fatto, da quando ho dato una mano al mio amico senza una gamba! Sì, proprio così! Siccome questo amico aveva un figlio che stava per diplomarsi alla scuola alberghiera – e questo è un punto molto importante – io me lo portavo sempre dietro perché la scuola alberghiera ti dà l'indicazione giusta, ti dà pratica, ma ce ne vuola tanta, tanta di più. Una volta diplomatosi come cuoco, io gli dissi: 'Tu devi venire a comprare insieme a me, perché saper cucinare il prodotto non basta! Capito?' Se un prodotto è cattivo, lo si può aggraziare[25] in tutti i modi ma resta sempre cattivo. Se un pesce è

---

[23]*holes to fill;* [24]Gli piace fare tutto da solo; [25]*pretty it up; fix it up*

fresco, lo si deve consigliare all'ospite lesso,[26] cotto a vapore, ma senza altri ingredienti, aromi[27] che ne alterino il gusto delicato.

I cuochi sono in grado di adattarsi se le materie prime variano?
Sì, certamente ogni ricetta può sempre essere modificata. Non è detto che quel piatto per forza debba essere fatto sempre così.

Le ricette sono già formulate o c'è spazio per interpretazioni personali da parte dei cuochi?
Sì in effetti esistono già ricette tradizionali: ingredienti, come si fa, tempi di cottura. Poi il cuoco finisce la scuola con la sua preparazione particolare. Ci sono anche tanti ristoranti con cuochi che non sono proprio passati per la scuola alberghiera; hanno imparato negli altri ristoranti a fare lo sguattero,[28] lavaggio piatti, poi passano alla pentola, aiuto fornelli:[29] arriva un certo momento che sono padroni di se stessi e di quello che fanno. Secondo me cucinare è un qualcosa di inventivo: la mattina un cuoco si può svegliare, fare una ricetta nuova, portarla in programmazione; poi vede che va bene, le dà un nome, ed esce fuori un altro piatto che se andiamo a consultare i volumi, non c'è. Io certamente ho delle ricette personali che non compaiono in libri di cucina: piatti che hanno successo, che dopo la gente mi chiede come si fanno. Sono lezioni che si imparano man mano con la predisposizione innanzitutto, con la buona volontà, la fantasia di fare.

Quali sono le soddisfazioni?
Guardi, io m'impegno sei ore la mattina nel mio altro lavoro e mi sento uno straccio;[30] poi vado al ristorante: posso fare anche dodici ore e non mi pesano niente. La mia, prima di tutto, è una soddisfazione morale verso i miei amici clienti che tornano, mangiano bene, sono soddisfatti. L'ambiente è piacevole, decente, in una zona residenziale piuttosto selezionata. Prima di andare via mi sento dire: 'Gennaro, grazie. Abbiamo mangiato benissimo, siamo stati meglio che a casa.' Ecco, questo per me è una soddisfazione superiore a quella economica. È il piacere di stare in mezzo alla gente che t'invoglia a fare il tutto. Mi piace anche parlare con tutti i clienti, così acquisisco anche dalle esperienze degli altri.

Dev'essere anche una soddisfazione avere la collaborazione della famiglia: c'è suo genero in sala; vedo anche una sua figlia alla cassa.

---

[26]*poached;* [27]spezie; odori quali il prezzemolo, la cipolla, ecc.; [28]Chi fa i lavori più umili in cucina; [29]aiuta a cucinare; [30]*rag*

Certo. Nella mia attività c'è mio genero che mi può sostituire al 95%. Vedo in lui un'eccellente volontà di lavoro, una passione; e quest'attività va bene solo se c'è passione dal primo momento. L'altra figlia mi aiuta con l'amministrazione, le pratiche.[31] A lui ho già detto che l'attività si può tramandare. Si lavora bene insieme; mio genero fa un po' di tutto in sala; io quando serve mi metto anch'io il grembiule e do una mano dov'è necessario. Però mi entusiasmo soprattutto quando vengono ordinati piatti nuovi e li faccio io, oppure se c'è qualcosa di eccezionale da fare. La collaborazione del nucleo famigliare è anche importante quando una persona di famiglia a cui piace quest'attività non la fa solo a scopo di lucro,[32] ma di interesse morale che l'attività vada avanti, che non si facciano cattive figure, che il tutto funzioni bene; è un grande vantaggio invece di avere persone estranee; il rapporto è diverso, l'impegno è diverso.

Dunque passerà l'attività a Suo genero e a Sua figlia.
Sì, il pensiero è proprio questo. Ho cinquantadue anni e fin quando riesco a provare piacere in quest'attività e ce la faccio da un punto di vista fisico, io non ho problemi a venire a lavorare. Però un giorno dovrò avere il coraggio – anche se è contro il mio pensiero di accentratore – di dirgli di continuare senza di me, e che debba fare sempre in meglio, non in peggio.

Quali sono le difficoltà nel settore?
Le difficoltà ci sono. Appunto: per poter aver sempre un locale funzionante bisogna pensare sempre a far affluire[33] i clienti, che io preferisco considerare più come amici – con tanto rispetto – perché mi portano qui del denaro fino a casa mia io stando seduto o inattivo! Ma è molto delicato questo passaggio: per poterli far venire innanzitutto bisogna fare dei sacrifici, s'incontrano tante difficoltà con gli approvvigionamenti continui, cambi di menú per dargli tutte le possibilità; e poi qualche volta gli devi sottostare[34] perché non tutti i nostri amici sono sempre consenzienti[35] in tutto. C'è anche il cliente o l'amico difficile, e quindi bisogna un po' assecondarli:[36] anche quella è una difficoltà. Peggio ancora bisogna assecondare quello che pensa di sapere tutto, ma analizzando si vede che non capisce niente.

---

[31]*paperwork*; [32]guadagnare; [33]venire in gran numero; [34]*agree; bite your tongue*; [35]d'accordo; [36]dimostrare di essere d'accordo

Oltre alla difficoltà per mantenersi il cliente?
C'è quella del personale: se l'attività non rende non si può avere il personale. E un ristorante, per quanto sia piccolo, se non ha a disposizione minimo tre o quattro persone, non si può fare. Ci deve anche essere continuità: non puoi dire a uno, 'Vieni oggi a lavorare e ci vediamo poi tra dieci giorni.' A volte si possono prendere degli altri lavoratori quando servono con organizzazione, programmi di lavoro diverso: vengono, si fanno la serata di lavoro, prendono i loro soldi e se ne vanno. Io ho bisogno di almeno quattro persone fisse oltre a me e alla famiglia: un pizzaiolo, due in cucina, uno al lavaggio piatti, io e la famiglia in sala. Bisogna tener conto che ci sono delle giornate che non rendono: quelli sono i sacrifici, le difficoltà a cui si va incontro! E c'è lo Stato: non vuol sapere se lavori o non lavori; bisogna purtroppo pagare: la luce elettrica bisogna pagarla, venga o non venga la gente; i frigoriferi devono stare in funzione per forza; tutte le altre spese e bollette[37] e tasse le devi pagare venga o non venga la gente.

Cosa potrebbe fare lo Stato per aiutare il settore?
Secondo me lo Stato dovrebbe fare qualcosa in più per portare almeno qui a Napoli un po' di turisti in più. Io appunto avevo con una grande azienda turistica un rapporto di lavoro, di facilitazioni. Ma a un certo punto non ho potuto continuarlo perché il presidente della compagnia mi ha detto: 'Gennaro, tu hai un ristorante dove si mangia veramente bene, i prezzi sono modici, c'è possibilità di introduzione, ma non posso portarti altra gente perché i gruppi che vengono da fuori per due o tre giorni sono costretti a non potersi fermare perché non c'è possibilità di pernottamento.'[38] Capisce? Ho perso un lavoro di duecento persone al giorno perché non c'era la possibilità di farli dormire: mancano alberghi, infrastrutture. Per questo lui deve puntare su altre zone dove ci sono strutture alberghiere più fornite e quindi usufruisce[39] di servizi di ristorazione del posto. Questa è la difficoltà: lo Stato potrebbe darci una mano aiutando a valorizzare meglio il turismo nella zona. Qui ho altri contratti con altri operatori turistici, ma si limitano a mandarmi solo i gruppi di passaggio che vanno a vedere qualche cosa qui vicino per un'ora soltanto, ma non pernottano; quindi spendono di meno da noi nella zona: questo è grave. Ci sono molti turisti di passaggio, ma non si fermano e non lasciano soldi per mancanza di infrastrutture. Se potessero pernottare e stare ancora un giorno lascerebbero più soldi.

---

[37]*utility bills;* [38]*staying overnight in a hotel;* [39]fa uso

Sembra che ci siano tanti ristoranti nella zona: possono lavorare tutti?
Sì, questo è dovuto al fatto che la zona offre una buona possibilità nel
periodo estivo che è abbastanza lungo. Ci sono molti stabilimenti bal-
neari, c'è molto traffico e c'è anche una tradizione delle comunioni, dei
pranzi domenicali, dei matrimoni. E quindi la gente del centro si sposta
perché tranne quei pochi ristoranti di livello altolocati a cui non ci si
può arrivare per un fattore economico, qui nella periferia ci sono tanti
ristoranti anche discreti, bellini. Dunque ci offre la possibilità di lavoro
con gli sposi, le prime comunioni, i periodi buoni; devo dire che tutti
nel periodo estivo lavorano molto; nessuno si lamenta. È chiaro che nel
periodo invernale c'è chi resta addirittura chiuso. Ripeto: per essere un
buon ristoratore bisogna avere un'infarinatura,[40] una buona programmazione mentale di come si vuole fare il lavoro perché non s'impronta[41]
così un ristorante: 'Io ho dei soldi, apro un buco e faccio il ristoratore.'
No, non è possibile. Devi avere l'esperienza personale almeno nell'ambito cucina e sala: questo è molto importante. Altrimenti non si possono controllare i cuochi, non posso controllare il personale in sala: se
sbaglia, se mi fa bene, come mi tratta la clientela. Quindi devo essere
io a capo, con il camice o il grembiule anche se non lavoro, ma sempre
pronto per dare una mano dietro ai fornelli, sempre all'altezza.[42] Dicia-
moci la verità: io li ho creati con le mie esperienze personali questi miei
collaboratori. Quindi secondo me ci sono tre tipi di ristoratori: il primo
lo fa a scopo di lucro e non ha nessun problema; lavora solo nel periodo
estivo. Il suo ragionamento è questo: 'Io faccio una sala con trecento
coperti; mi dedico solo a fare le cerimonie matrimoniali e le comunioni.
Apro ad aprile e finisco a settembre. Mi faccio un programma di lavoro
per i matrimoni; incasso milioni.' Sì, perché oggi a un matrimonio ci
sono perlomeno centoventi-centocinquanta persone minimo. E quindi
quando si va al cassetto la sera ci sono milioni, facendo da mangiare
anche bene, ma il pranzo è uniforme con una possibilità di guadagno
superiore. Questo è il ristoratore che ha una mentalità solo ai fini economici, e non ai fini di una soddisfazione morale. Il secondo tipo è un
misto: si appende un po' alla spicciolata e un po' ai servizi;[43] insomma,
fa un po' l'uno e l'altro, ma non so fino a che livelli può curare bene la
situazione. Poi c'è il terzo tipo, il migliore, secondo me. A scopo di guadagno rimane il peggiore perché non ha i margini che hanno gli altri.
Allo scopo di avere un interesse morale e affettuoso all'attività fa un

---

[40]*a good background;* [41]stabilisce; [42]*on top of things;* [43]*He relies on some walk-in business and on
some catering.*

po' quello che faccio io: d'inverno, a dicembre, gennaio quando calano i clienti, mi sacrifico a rimanere sempre aperto; i fornelli rimangono accesi comunque se ho dieci persone, venti o trenta. Ma queste venti persone mangiano alla carta, quindi il ristoratore trasforma il ristorante come se fosse la sua seconda casa; e come amicizia uno viene, mangia tante cosette sfiziose;[44] mi siedo, conversiamo come se io l'avessi invitato a casa mia. Ecco, a me personalmente piace questo tipo di attività. Potrebbe piacermi l'altra dove alla fine della sera apro il cassetto e ci trovo tutti i milioni, ma sono scelte che uno fa inizialmente.

Perché in cucina non ci sono donne?
Sembra strano, ma diciamo che, in Italia almeno, il cuoco è sempre maschio. Non lo saprei dire perché; forse il cuoco maschio rende di più. Ventisei giorni su ventisei può essere disponibile sempre. La donna ben sappiamo ha alcuni momenti purtroppo in cui va in crisi al livello di lavoro, quindi rende meno. Poi ci sono dei lavori che la donna per motivi fisici non riesce sempre a superare. Stare in cucina in piedi vicino ai fornelli per sette-otto ore per dar da mangiare a trecento persone e combattere contro tutta la situazione, non è facile. La statura fisica di una donna, per quanto possa essere forte, impegnata, coraggiosa, sacrificandosi pure, non riesce a dare quello che dà il maschio; non per fare discriminazioni fra la donna e l'uomo. Devo dire che l'esperienza mi ha insegnato che la donna in certi lavori rende meno dell'uomo, anche se questo non è voluto dalle sue intenzioni e volontà stessa. In cucina improvvisamente bisogna alzare una pentola con venti litri di acqua dentro, oppure una cassa di pelati[45] che pesa trenta chili e spostarla; può fare la cuoca, ma al livello di lavoro continuo, industriale, è difficilissimo, è pesante. Al livello di attività più casalinga va benissimo. Ma ci sono dei momenti del mese in cui non lavora bene e fa assenze, non per colpa sua.

C'è qualche Sua ricetta di cui è particolarmente orgoglioso?
Sì, e devo dire che per la mia attività non sono mai fermo. Certe volte di notte non riesco a dormire perché mi metto a pensare delle ricette. Infatti questa settimana ho creato il 'capriccio di Nettuno' – il dio del mare – che è un riso fatto tutto a base di mare: ci sono dai dieci a dodici prodotti marini, come liquido di governo,[46] come salsa a questo riso. È un po' lungo raccontare tutta la ricetta, perché non bastano solo gli

---

[44]napoletano: gustose, interessanti; [45]pomodori pelati; [46]il liquido in cui cuoce il riso

ingredienti, non basta solo la cottura; c'è anche un suo modo di preparazione, di fare, per determinate cose. Per cominciare è in bianco, non
con il sugo come tanti fanno il risotto alla pescatora, un risotto rosso
che non è altro che un sugo di pesce che molti – quasi il 95% lessano[47] il
riso prima – mettono sopra al riso e hanno fatto il risotto alla pescatora.
No! Il mio 'capriccio di Nettuno' – che io ho inventato – ci vuole un'ora
e mezzo per farlo istantaneamente! Il riso l'acqua non la vede proprio!
Viene cotto il riso nel brodo di pesce ... Ecco perché dico che ci vogliono
i segreti di cucina! Perché man mano che cuoce ci si aggiunge per la
definizione della cottura qualche cucchiaio di brodo di polipo che io mi
riservo prima, da quando è in cottura il polipo. Ma poi è tutto un programma! Perché alla fine viene innaffiato con del brandy, quindi salta
fuori un risotto che è la fine del mondo! Quindi questa è una ricetta
che qualsiasi volume Lei consulti non la troverà mai, perché è una mia
ricetta personale e particolare! Aggiungo di più: i miei ospiti bevono il
mio vino fatto con le mie mani! Il mio vino personale! Io ogni anno con
tutti i miei pochi tempi disponibili mi dedico al vino personalmente. Mi
faccio arrivare dall'Abruzzo camion di uve; mi metto in collaborazione
con un mio caro amico; abbiamo tutte le nostre attrezzature moderne.
Ricordo quand'ero bambino facevo il vino con i piedi nei tini: schiac-
ciavo[48] l'uva con i piedi! Oggi ho il vantaggio di avere delle strutture
per poterlo fare in tempi più rapidi, in maggiore quantità e più igienico.
È un vino che do da bere ai miei commensali qua. Il bianco è difficile; è allo stato naturale, senza nessun ingrediente di mantenimento.
Bisolfati?[49] Non la conosco proprio questa roba! Non ne ho bisogno:
al bianco faccio quattro filtraggi – non uno solo – da damigiana a damigiana, poi va imbottigliato. Per fare il vino non si schiaccia soltanto
l'uva ed ecco che fuoriesce il vino! Bisogna saperlo fare! Il vino è come
una poesia: si crea sapientemente, con pazienza e amore. Ci vuole una
grande capacità per fare il vino, perché e come una persona, come un
uomo: nasce, matura, può raggiungere la sua perfezione, ma può anche
morire o impazzire[50] come fa una persona. Si vede anche dal colore se
sono morti o impazziti. A me è capitato – io non ci credevo – una volta
che nella mia cantina dovetti fare un'apertura per una finestra su una
parete dove avevo una scaffalatura[51] di bianco imbottigliato. Spostai il
vino a un'altra parete nello stesso ambiente. Solo per lo spostamento
dopo venti giorni è impazzito il vino, è diventato marroncino:[52] l'ho

---

[47]*steam*; [48]*pressed*; [49]sostanze usate per rendere limpido il vino e per conservarlo; [50]*go
crazy*; [51]*shelves*; [52]marrone chiaro

dovuto stappare[53] e farne aceto. Capisce? Solo per lo spostamento è impazzito, ha cambiato colore, ha cambiato gusto! E allora ecco perché dico: 'Il vino va fatto da persone competenti!' Non basta dire: 'Io sono contadino, ho macinato l'uva:' non hai risolto[54] niente! Per fare il vino buono innanzi tutto ci vuole un'igiene che non finisce mai. Poi bisogna saperlo fare, avere i giorni buoni, saper gestire la fermentazione allo stato naturale, sapere quanto deve dormire, e dopo il riposo il vino dev'essere filtrato e non lasciato con la feccia[55] di sotto; e poi con l'andata della mancanza di luna dev'essere travasato da damigiana a damigiana. Normalmente il vino dà una resa iniziale del settanta per cento; per me è andata a finire al sessanta. Ovvio che c'è chi non si cura di travasarlo. Io lo travaso dopo un mese: c'è un palmo di feccia che va buttato; poi quando travaso un'altra volta ne restano quattro dita; poi dopo un altra volta, due dita: fino al punto che ho un vino limpido, bello, colorato, e lo metto in bottiglia. Quindi ho una resa inferiore alla norma iniziale. Però la soddisfazione – di nuovo – non è economica, ma morale; perché io offro un bicchiere di vino e mi sento dire: 'Questo vino è buono, è ottimo e son contento.' Ora far mangiare bene la gente senza dare un buon bicchiere di vino è inutile: non gli fai un bel pranzo e gli metti un vino così da quattro soldi![56] Qualche volta dopo un pranzo un cliente mi chiede se posso vendergli una bottiglia del mio vino e io dico: 'No, te la offro io ma la devi bere al ristorante.' Non voglio fare vendita di vino al livello industriale. Io mi limito a farne quanto serve al ristorante e per delle cortesie che devo fare a Natale. Preferisco rimanere sul piccolo, su quello che posso controllare io stesso; non m'interessa fare i milioni!

Secondo Lei, come va l'Italia in questo momento?
Stiamo attraversando dei brutti periodi sia a livello economico che a livello politico, ma sono un po' ottimista perché si comincia a ripulire un marcio[57] nella situazione. Stiamo bene, benissimo in Italia, ma potremmo stare anche molto meglio. Siamo invidiati da altri; inutile dire: 'Stiamo male;' io non ci credo, è una fesseria,[58] non si sta male. Bisogna dire che in Italia ci sono delle leggi che ti fanno fare un po' quello che vuoi. E allora tu di buona volontà, chi ti dice che non puoi fare un altro lavoro e guadagnare cento euro in più al mese e poterti spaziare di più[59] in famiglia? Te lo lasciano fare!

---

[53]levare il tappo; [54]combinato, fatto; [55]*dregs*; [56]a buon mercato, non di buona qualità; [57]*rot* [58]volgare: *nonsense*; [59]neologismo: significa *to have more discretionary funds*

I. *Rispondere alle seguenti domande.*

1. Com'è entrato nella ristorazione Gennaro?
2. Quali erano le esperienze e le doti che lo hanno favorito?
3. Perché un suo amico gli ha chiesto di dargli una mano nel suo ristorante?
4. Perché gli approvvigionamenti sono importanti?
5. Cosa fa Gennaro al mercato?
6. Cosa pensa di chi cerca di risparmiare magari comprando cibo che non è freschissimo?
7. Secondo lui, perché non basta il diploma dall'istituto alberghiero?
8. Perché c'è spazio per interpretazioni di ricette da parte dei cuochi?
9. Quali sono le sue soddisfazioni?
10. Ci sono vantaggi nell'impiego di alcuni suoi familiari?
11. Quali sono alcune difficoltà nella ristorazione?
12. Cosa potrebbe fare lo Stato italiano per aiutare Gennaro?
13. Perché c'è posto per molti ristoranti nella zona?
14. Secondo Gennaro, come si diventa un buon ristoratore, e cosa bisogna fare?
15. Che tipo di ristoratore è Gennaro (secondo lui)?
16. Come si sta in Italia?
17. Perché preferisce uomini in cucina?
18. Perché è orgoglioso di un suo piatto particolare e del suo vino?

II. *Suggerimenti per elaborazioni orali o scritte.*

A. Gennaro è una personalità contraddittoria. Cosa Le piace di Gennaro, del suo modo di pensare, del suo modo di fare? Cosa non Le piace? Si fiderebbe di lui?
B. Nella sua conversazioni, Carla dice che nel Meridione c'è un atteggiamento più tradizionale riguardo al ruolo della donna. Come si manifesta questo atteggiamento in Gennaro?
C. Pensa che Gennaro sia un bravo uomo d'affari? Perché? Citi degli esempi concreti per sostenere il Suo punto di vista.
D. Ha una passione per la cucina? Come si manifesta? Se non ha un interesse per la cucina, perché non La entusiasma? È d'accordo con la filosofia di Gennaro per la cucina?
E. Con un compagno di classe, si prepari una scenetta da presentare in classe, considerando bene la conversazione con Gennaro. Si segua questa traccia: un milanese molto snob per la prima volta

a Napoli va a pranzo da Gennaro e gli chiede qualche consiglio su cosa ordinare. Gennaro gli consiglia 'il capriccio di Nettuno' e il suo vino fatto in casa. Il cliente accetta il consiglio ma con poco entusiasmo. Il pranzo è servito, ma il cliente è insoddisfatto. Quali sono le lamentele del cliente? Come risponde Gennaro alle lamentele del cliente? Cosa fa Gennaro per cercare di soddisfarlo? Qual è la reazione del cliente?

III. *Esercizi.*

A. Completare con il modo e il tempo opportuno del verbo in parentesi (i.e. Indicativo, Congiuntivo, Condizionale; presente, futuro, passato, imperfetto, ecc.).

1. Gennaro non vuole rivelare il segreto della sua invenzione culinaria, il 'capriccio di Nettuno,' benché (essere) _____ un gran successo nel suo ristorante.
2. Ti insegnerei a preparare lo stoccafisso a vapore se tu mi (dare) _____ la tua ricetta per le lumache in brodo.
3. Mia moglie ed io continueremo con due lavori ciascuno a meno che una vincita alla lotteria non ci (fare) _____ ricchissimi!
4. Quando il proprietario della trattoria (finire) _____ di cucinare, quel polipo 'affogato' sarà la fine del mondo!
5. Ho detto al maestro Scozzafava che gli (portare) _____ un pescegatto fritto.
6. È vero che un ottimo vino (avere) _____ bisogno di almeno quattro filtraggi.
7. Questo risotto ai frutti di mare è il migliore che io (assaggiare) _____.
8. Abbiamo visto un cameriere che (servire) _____ la pasta con le mani.
9. Il ristorante (chiudere) _____ se non ci fossero abbastanza clienti d'inverno.
10. Poiché voi (guadagnare) _____ molto, vi potete permettere una lunga vacanza in un albergo di prima categoria.
11. Il dottor Pezzogna ha telefonato per dire che (partecipare) _____ alla cerimonia.
12. Mi sorprende che Eufemia e Jorge ancora (schiacciare) _____ l'uva con i piedi.

B. Completare la frase usando l'imperativo e sostituendo i pronomi
    ai nomi sottolineati. Usare la persona indicata dal verbo modale.

Esempio: Se vuoi fare <u>le uova al burro per i ragazzi</u>, *fagliele!*
Dottor Silipatti, se può spedire <u>a noi il conto</u>, *ce lo spedisca!*

1. Se vogliono dare <u>il regalo allo zio Romolo,</u>
2. Se dobbiamo scrivere <u>la cartolina alla nonna,</u>
3. Se non puoi tagliare <u>la bistecca per la piccola Gaudenzia,</u>
4. Signor Schultz, se non si vuole mettere <u>il cappello,</u>
5. Se non volete alzare <u>il pentolone per il vecchio cuoco,</u>
6. Se devi vendere <u>il ristorante ai signori Pappalardo,</u>
7. Se non possono offrire <u>il pranzo agli invitati,</u>
8. Se potete fare <u>un favore alla professoressa Rosapepe,</u>
9. Plinio, se mi vuoi dire <u>tutta la verità,</u>
10. Se non dobbiamo portare <u>agli ospiti le bibite,</u>
11. Dottor Taccola, se vuole dare <u>la mancia al cameriere,</u>
12. Se Loro devono prendere <u>i calamari in umido per i bambini,</u>
13. Mafalda, se non puoi spedire <u>il pacco alla mamma,</u>
14. Se vogliono lavarsi <u>le mani,</u>
15. Se possono far pagare <u>il conto al direttore,</u>

C. Riscrivere le frasi alla forma attiva.

Esempio: I piatti sono stati lavati da Zefiro.
Zefiro ha lavato i piatti.

1. La sala del ristorante era gestita da mamma Cosima.
2. Credevo che le spese venissero fatte dal cuoco della trattoria.
3. Questo pesce freschissimo è stato acquistato da me stamattina.
4. Molti soldi saranno risparmiati dai nuovi proprietari se useranno
    solo carne congelata.
5. Tanti sacrifici sono stati fatti da te per mantenere una grande fa-
    miglia.
6. I saltimbocca venivano preparati dalla nuova padrona napoletana.
7. 'L'apoteosi dell'aragosta' – una ricetta eccezionale – era stata
    creata dallo chef Pasqualino per il primo ministro dell'Uzbekistan.
8. Dieci portate verranno servite da cento camerieri per il com-
    pleanno del principe Sqquik.

D. Completare le frasi con un pronome relativo o interrogativo (chi, quale, cui, che).

Esempi: Con _chi_ hai visto il nuovo film di Roberto Benigni?
Ho scritto alla zia Ferdinanda, _che_ non vedo da molti anni.

1. Da _____ avete cenato ieri sera?
2. Erano buoni gli gnocchi _____ avevi ordinato?
3. Per _____ sono queste linguine alle erbe?
4. Abbiamo conosciuto il professor Pacchero, _____ ha inventato gli spaghetti alle olive e cioccolato.
5. Puoi scegliere fra la bistecca alla fiorentina e la trippa: _____ preferisci?
6. Cicuzia mi ha domandato _____ avrebbe servito l'aperitivo agli ospiti.
7. La trattoria di _____ ti avevo parlato si chiama 'L'Assassino.'
8. La signora vicino a _____ ti sei seduta, è la principessa Ostilia.
9. C'è al teatro una nuova commedia di Stanovski, di _____ i critici hanno parlato molto bene.
10. Il vecchio dottor Carli ha molti studenti affezionati dai _____ riceve una cartolina per il Natale.

Sesta conversazione: Dania

Il sistema universitario italiano è molto diverso da quello nordamericano. DANIA, dopo aver interrotto gli studi universitari per diversi anni, ha da poco finito l'ultimo esame per la laurea in architettura. Ecco, secondo lei, i disagi[1] e gli aspetti positivi delle università italiane.

SCHEDA DI CULTURA: L'università italiana.

Essenzialmente elitaria[2] fino alla metà degli anni Sessanta, l'università italiana sta nuovamente subendo[3] una trasformazione per far fronte alle necessità degli studenti di essere preparati meglio per inserirsi in una società sempre più globale. Negli ultimi anni si sono aperti corsi brevi (a volte però anche più intensivi) con l'intenzione di ridurre il periodo di studio per la laurea. Inoltre sono stati organizzati nuovi indirizzi di studio, di specializzazione, che riflettono la presenza di nuove discipline e, dunque, nuove formazioni di lavoro (ad esempio, nel campo dell'ecologia o delle nuove tecnologie). In generale, nei corsi sono iscritti molti studenti (ma tanti non si presentano in classe), l'insegnamento è piuttosto impersonale, i professori 'presentano' agli studenti il loro sapere e lo studente raramente esprime la sua opinione. La valutazione è basata soprattutto su un esame orale alla fine del corso. Costa poco la tassa d'iscrizione per frequentare l'università, che si basa su quanto guadagna la famiglia. Forse anche perché costa relativamente poco frequentare, il numero di studenti che si laurea in tempo è molto basso (il 20%). L'attuale riforma universitaria mira[4] anche ad aumentare il numero di laureati. Diversamente dalle università nordamericane, in Italia non esistono campus universitari, e quasi tutti gli studenti abitano a casa o in appartamenti con altri studenti.

Ha appena finito l'ultimo esame per la laurea in architettura. Come giudicherebbe la Sua esperienza universitaria?

---

[1]difficoltà; [2]di élite; [3]*to experience, undergo;* [4]ha come obbiettivo, ha l'intenzione di

Per me la permanenza all'università è stata un po' lunga, in quanto
ho interrotto, poi ho ricominciato. I periodi in cui ho studiato erano
diversi; all'inizio c'era molta confusione a causa dei vari movimenti politici all'interno dell'università.[5] Per ragioni mie ho abbandonato per sei
anni. Adesso invece è più tranquillo; rispetto a quando ho cominciato,
la situazione è migliorata. Al principio degli anni Ottanta, fine anni Settanta, la facoltà di architettura era un po' scaduta;[6] i laureati della fine
anni Sessanta-anni Settanta non venivano molto considerati perché si
pensava che avessero fatto gli esami più facilmente. Invece dopo, forse
anche per rimediare l'immagine della facoltà, è diventata più tecnica,
rigorosa: c'è stata un'evoluzione, un cambiamento. Quindi mi sono trovata meglio dopo: c'era più serietà, meno manifestazioni, meno assem-
blee, meno scritte sui muri.

*Quando dice 'più serietà' si riferisce soprattutto ai vari movimenti politici che
impedivano il funzionamento dell'università?*
Esattamente, ne impedivano il funzionamento. Andavi all'università
per dare un esame e non sapevi se lo davi o no perché magari qualla
mattina c'era un manifestazione politica per cui andava all'aria tutto.
Io non ero coinvolta in nessun movimento politico, ero molto giovane.
Però è stato reso noto che alcuni professori erano stati minacciati[7] e
avevano paura. Poi in quel periodo – alla fine degli anni Settanta – sono
entrati come professori alcuni che appoggiavano[8] movimenti di sinistra. Oggi le stesse persone si comportano come i baroni[9] di prima, o
quasi. Per loro penso che sia stato un pretesto essere di sinistra, per far
carriera all'università.

In sostanza la Sua esperienza è stata positiva dopo che è arrivata la calma.
Sì, e poi soprattutto da un cambiamento personale: ero più matura,
ho affrontato l'università diversamente; mi sentivo più coinvolta, con
le idee più chiare, con amici che mi hanno aiutato. Ma ci sono anche
delle critiche che bisogna fare all'università. Prima di tutto il numero
degli studenti, specialmente nella mia facoltà, è più che eccessivo. C'è
un disagio notevole nel seguire le lezioni, disagi nell'essere seguiti dai
professori. Non ci sono limiti nel numero di studenti che si possono

---

[5]Dalla fine degli anni Sessanta e per quasi tutto il decennio seguente l'università italiana
è stata luogo di manifestazioni e contrasti politici – a volte violenti – organizzati da studenti molto politicizzati; [6]Non era buona come prima; [7]*threatened*; [8]Erano d'accordo con
le idee di questi movimenti; [9]Barone è un termine che indica un professore autocratico,
insensibile ai bisogni degli studenti.

iscrivere a un corso. In storia dell'architettura ci possiamo trovare in delle aule in cui non si entra per l'affollamento che c'è, nell'ordine di tre-quattrocento persone, che è scomodo. Non abbiamo un campus. La facoltà di architettura è dislocata in vari palazzi a Firenze in luoghi diversi.

Ci sono corsi con un numero di studenti più ragionevole?
È difficile dirlo; è sempre diverso. All'inizio dell'anno è sempre più affollato, mentre man mano[10] che si va verso gennaio, gli studenti hanno fatto altre scelte, o magari non frequentano le lezioni perché sono troppo affollate e sono delusi. Chi non vuol più frequentare di solito si ritira al rientro delle vacanze di Natale. E allora si comincia a star meglio.

Come si svolge[11] il lavoro in un corso? Ci sono lavori scritti che vengono valutati? O venite valutati soprattutto in base a quest'esame orale che si fa a fine corso?
Anche qui c'è una differenza incredibile tra corso e corso. Le lezioni vanno in genere seguite, ma ci sono anche corsi in cui lo studente può prendere un programma in cui sa che alla fine dell'anno il professore chiede di imparare tre libri o fare un lavoro scritto. Nell'università italiana, ricordati, non è necessario fare gli esami in corso; si possono fare anche fuori corso,[12] e questo ha favorito l'esistenza dello studente lavoratore. Ci sono quindi degli studenti che lavorano, non frequentano, ma nonostante tutto fanno esami perché chiedono il programma e lo seguono. Cioè il professore mette su un foglio quello che tratterà nel corso, come saranno articolate le lezioni, cosa pretende all'esame e la bibliografia. Nella facoltà di architettura ogni professore fa come vuole. Ci possono essere una, due o anche tre prove scritte[13] – relazioni, progetti o disegni nel corso dell'anno – sempre in classe – problemi di calcolo se materie scientifiche, o di fare cinquanta disegni prima della fine di maggio, altrimenti non si accede all'orale. All'inizio dell'anno il professore dice anche cosa succede se non si supera la prima prova scritta, perché nella maggior parte dei casi non si può accedere a quella dopo, o non si può fare l'esame. Poi l'esame può essere su tre libri come su dieci.

Ci sono lavori scritti da preparare a casa?

---

[10]*gradually;* [11]*unfold, take place;* [12]Si può dare l'esame in un semestre diverso da quello in cui è stato seguito il corso, pratica molto comune nell'università italiana; [13]tipo di esame

Sì, disegni, elaborati grafici:[14] parlo sempre della facoltà di architettura.

Quindi si viene valutati solo in base all'esame?
Interventi[15] in classe quasi mai. Più che altro le prove scritte, se ci sono, e soprattutto in base all'esame.

Potete parlare in classe? Vi si chiede mai di elaborare qualche argomento?
Certo che si può parlare: il professore fa la sua lezione e se uno studente vuole chiedere qualcosa, alza la mano. A me non è mai capitato[16] di essere chiesta dal professore di elaborare sul momento qualcosa che si è trattato, ma sicuramente succede.

Il professore La conosce?
Questo è il problema: no. Di solito se tu frequenti ti individua;[17] però con duecento studenti, o il professore deve avere una buona memoria, oppure lo studente, a forza di andarci o parlandogli, renderà più facile essere riconosciuti; ma no, non ti conoscerà mai bene come vuoi tu. E questa è la più grossa critica che io faccio: non abbiamo nessun supporto, specialmente nei corsi più frequentati. Mi è successo però che nel corso di questi anni abbia avuto l'opportunità di avere un corso non molto affollato – cinquanta studenti.

Quanti studenti ci sono nella facoltà di architettura?
Ad architettura saranno iscritti quattordicimila studenti, con tantissimi fuori corso.[18] C'è chi è iscritto da venti, venticinque anni. Meno del trenta per cento degli studenti si laurea: ci sono molti studenti che si iscrivono, arrivano al massimo al secondo, al terzo anno, e poi si ritirano. Oppure stanno a lungo all'università perché c'è lo studente lavoratore che procede lentamente. Se non paghi la tassa d'iscrizione per otto anni perdi gli esami che hai fatto, automaticamente non sei più iscritto. Pagando, gli esami sono validi per sempre.

Ci sono orari per consultazioni, incontri con i professori?
Certamente hanno un orario di ricevimento per gli studenti. Tre volte alla settimana fanno una lezione di due ore. Poi hanno almeno tre ore di ricevimento per gli studenti. Ci si mette in lista la mattina stessa e si fa

---

[14]*drafting projects*; [15]Quello che in America e in Canada viene chiamata la 'partecipazione' in classe; [16]successo; [17]ti riconosce; [18]studenti che non hanno finito gli esami nel tempo previsto (quattro o cinque anni)

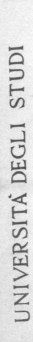

UNIVERSITÁ DEGLI STUDI

LABORATORIO UFFICIALE PROVE MATERIALI

ISTITUITO CON D.L. 1 LUGLIO 1961 N° 553

D.L. 16-11-1959 N°2228 – 29-30-31-32-33-34-2235

MINISTERO DEI LAVORI PUBBLICI

LABORATORIO SPERIMENTALE

la fila, oppure si fa un appuntamento con il professore. C'è da perdere molto tempo, non è facile vedere il professore: bisogna avere molta costanza e ambizione. Stabilire rapporti con i professori è difficile, soprattutto non c'è la possibilità di dialogare con il professore.

Per quali motivi si va dal professore nell'orario di ricevimento?
Nella nostra facoltà per chiedere consiglio e per fare la revisione degli elaborati grafici. È essenziale: non puoi arrivare all'esame senza aver fatto diverse revisioni, alcune volte molte. Ad esempio, il progetto per una casa unifamiliare: devi partire dall'inizio alla fine e aver fatto delle revisioni, perché ti dirà: 'Così non va bene!' e ti spiega perché; ti dà la possibilità di consultare dei libri, ti dà la bibliografia nel caso che ne abbia bisogno. Le revisioni sono abbastanza complete ed è abbastanza faticoso per i professori, a dir la verità: ricevono molti studenti in una mattinata, ed è per questo che è difficile stabilire un rapporto. Però ci sono anche dei professori che amano molto il loro lavoro, o se la situazione lo consente, il dialogo può esistere, ma non sarà mai come in un corso con pochi studenti.

Quali sono altre difficoltà che deve affrontare lo studente universitario italiano?
Le biblioteche non sono male, sono abbastanza ben fornite.[19] Magari potrebbero essere più grandi; sono palazzi antichi, lo spazio è limitato. Però non è facilissimo usarle: per avere un libro non puoi andare tu a cercarlo nelle biblioteche della facoltà. Devi prima trovare il titolo e la collocazione[20] nei cataloghi, e poi dai il modulo a una segretaria che prende il tuo nome, lo consegna a qualcuno che va alla ricerca del libro e poi dopo un po' arriva. A volte l'operazione viene svolta da due persone, a volta da una. Ci sono anche biblioteche in cui gli studenti possono studiare in mezzo ai libri, quindi si può anche vedere che cosa c'è sugli scaffali.[21] Per le altre biblioteche più grandi – tipo la Nazionale o la Marucelliana – non le frequento quasi mai. Preferisco comprare il libro e averlo a casa! All'università ci sono anche difficoltà da un punto di vista organizzativo: al primo anno lo studente è un po' sbandato,[22] non sa bene come muoversi; perde molto tempo perché non c'è una guida che lo possa aiutare fin dall'inizio, devi fare tutto da te. C'è un libretto che ti dà delle indicazioni orientative per i programmi, ma non ti dice: 'Fa così perché ti troverai meglio.'

---

[19]Hanno un buon numero di libri (sono abbastanza ben fornite di libri); [20]dove si trova; [21]*shelves*; [22]Non sa bene cosa deve fare.

Ci sono riunioni tra rappresentanti della facoltà e gli studenti?
Non lo so. Ma credo che la maggior parte degli studenti non si senta molto vicina all'università: è troppo dispersiva, ci sono troppi studenti.

Ci sono attività per socializzare a cui possono partecipare gli studenti?
Magari si è fatta anche qualche festa per le matricole,[23] ma non credo che partecipino in molti. All'inizio dell'anno accademico c'è l'apertura ufficiale in cui il rettore fa il suo discorsino. Sì, c'è una lista di attività che si possono fare, ma c'è il problema dell'affollamento e che le attività sono in diversi posti, c'è anche la distanza. Ti do un esempio estremo: equitazione.[24] C'è la possibilità: cioè si fa una tessera,[25] diventi socio,[26] ci sono facilitazioni, paghi una quota che non è molto; però bisogna andare a cinquanta chilometri! Anche la palestra: sono una o due, sono lontane, non sono palestre universitarie ma convenzionate;[27] per me è scomodo. Non ho mai usufruito[28] di questi servizi, conviene poco.

Quanti esami deve dare per architettura?
Trenta.

Se vuoi fare un corso di letteratura, ti conta per la laurea?
Sì, ci sono alcuni corsi che puoi scegliere in altre facoltà. Io ne ho fatto solo uno. Non sono molti; a lettere puoi scegliere anche storia dell'arte; in architettura, ingegneria.

Quanto è la tassa d'iscrizione per l'università?
Da qualche anno è molto aumentata: è arrivata a quasi seicento euro all'anno per gli studenti che hanno un reddito basso. Però ultimamente hanno fatto una specie di indagine,[29] e le tasse si pagano in base al reddito familiare per cui sono previste cinque fasce.[30] Si fa dunque in base alla denuncia dei redditi:[31] presenti la copia della denuncia e paghi la tassa. Prima era una tassa comune a tutti, ora no; sono aumentate soprattutto per le fasce con reddito superiore.

Com'è la vita sociale degli studenti all'interno della facoltà? Ci si conosce? Ci sono attività organizzate dalla facoltà, incontri? Feste?

---

[23]studenti di primo anno; [24]andare a cavallo; [25]*membership card*; [26]*member*; [27]Significa che fanno sconti per gli studenti universitari; [28]usato; [29]*survey*; [30]È diviso in tre gruppi; [31]documento ufficiale per le tasse in cui viene dichiarato quanto si è guadagnato durante l'anno

No, non c'è niente. Casomai ci può essere qualche iniziativa degli studenti, ma è difficile: si è troppo anonimi. Ci sono le mense, che sono luoghi dove ci si ritrova, ma sono soprattutto per studenti che non hanno la famiglia qui, studenti che vengono da altre città, o i pochi stranieri. Ora sono forse cinquanta all'anno: per il sovraffollamento hanno dovuto limitare parecchio le iscrizioni degli stranieri; negli anni settanta c'erano tantissimi greci, iraniani, pachistani. Alla mensa il cibo non è male e il prezzo conviene moltissimo. Ho sentito anche qualcuno che si lamenta. Ma no, non ci sono spazi sociali.

Come potrebbe funzionare meglio l'università in Italia?
Il numero degli studenti rimane enorme; quindi secondo me dovrebbero creare spazi più grandi, ambienti più adeguati, magari uno spazio unico – che mi sembra abbastanza impossibile – oppure limitare il numero degli studenti. Ma non ci sono soldi e gli spazi sono già tanti, ma insufficienti e sono spesso in palazzi antichi. L'altra difficoltà per lo studente è che le lezioni si fanno dappertutto, quindi magari nella stessa mattinata devi correre, prendere l'autobus e andare in un edificio in un'altra parte della città. Se le lezioni si seguono allora si arriva in ritardo o si manda un amico. Per ogni materia di solito ci sono quattro o cinque professori, e puoi scegliere l'orario che ti conviene di più. Le biblioteche poi chiudono alle sette e mezzo: l'orario dovrebbe essere più lungo, anche perché molti studiano più tardi la sera. Quindi oltre a risolvere il problema dell'affollamento bisognerebbe stimolare un po' la socializzazione tra gli studenti, a stare insieme. Specialmente nei primi anni è difficile, anche se ci si conosce un po' nei corsi, si attacca discorso prima dell'inizio della lezione, si chiedono consigli sui professori. Bisognerebbe anche cambiare gli esami perché molti non sono individuali ma sono di gruppo quando si chiedono elaborati grafici. Questo soprattutto in architettura: all'esame si chiede di formare un piccolo gruppo – a volte anche di sette persone – e il voto viene dato a tutti uguale, non agli studenti singolarmente: non si sa quindi chi ha fatto di meno! Non è facile creare un gruppo affiatato[32] lì per lì;[33] è anche un rischio, ci si potrebbe anche trovare male. Ci sono poi dei corsi in cui il lavoro è fatto in gruppo ma la prova orale è individuale. Quindi la valutazione individuale che viene data all'esame diretto non credo sia sempre molto giusta. Non è facile essere preparati perfettamente; cioè non soltanto sulla materia, ma sul contesto: non ti puoi cimentare[34]

---

[32]che lavora bene insieme; [33]in quel momento; [34]partecipare

in un dibattito con il professore, specialmente nei primi anni quando non hai esperienza. A volte l'esito[35] dell'esame è anche questione di fortuna: può capitare che il professore spazi[36] un po' di più, ti fa magari altre domande che hanno a che fare con il programma di un corso che hai fatto prima e che dovresti già conoscere. Ci sono anche dei professori che pretendono un po' troppo, sono troppo esigenti.[37] Un altro miglioramento al sistema potrebbe essere un maggior dialogo diretto con i professori: a me è mancato molto. Poi ci sono anche professori che hanno la cattedra[38] ma non si vedono mai; il corso lo fanno gli assistenti, però lo vedi poi all'esame; questo è noioso. Inoltre sembra impossibile laurearsi nel tempo prestabilito, quasi nessuno lo fa. Cioè bisognerebbe dare sei esami all'anno e nel primo anno si è talmente disorientati che proprio non ce la fai. Ci sono anche problemi di droga tra alcuni studenti – penso che ci sia ovunque – anche droga pesante.

Non sarà tutto negativo ...
Infatti bisogna menzionare qualche cosa di positivo nel sistema italiano. Prima di tutto – ed è importante – tutti possono andare all'università. Casomai alcune università hanno il numero chiuso in certa facoltà, quindi se si vuole insistere su una scelta bisogna cercare un'altra università. Ci sono anche tante ottime lezioni, anche se sono sovraffollate. E poi gli orari delle lezioni vanno dalla mattina alla sera, quindi c'è anche la possibilità che lo studente lavori e frequenti i corsi. Inoltre si paga poco di tasse; comunque non ci danno molto, ci sono le aule sovraffollate con i banchi, ma pochissima attrezzatura.

In sostanza è fiduciosa nel Suo futuro?
Sì, quello sì: vorrei lavorare.

I.   *Rispondere alle seguenti domande:*

1. Com'era diversa la facoltà di architettura quando Dania cominciò l'università?
2. Secondo Dania, qual era l'effetto dei vari movimenti politici sull'università alla fine degli anni Settanta?
3. Perché la sua esperienza all'università è stata positiva?
4. Che cosa critica dell'università?

---

[35]risultato; [36]*ranges;* [37]*demanding;* [38]*tenured full professors*

5. È obbligatorio frequentare i corsi?
6. Come si viene valutati?
7. Si possono fare domande ai professori?
8. Perché è difficile che il professore conosca gli studenti?
9. Qual è la percentuale di studenti che si laurea?
10. Per quanti anni sono validi i corsi che si finiscono (gli esami)?
11. Ci sono incontri con i professori?
12. Quali sono altre difficoltà che lo studente deve affrontare?
13. Ci sono attività sociali organizzate dall'università?
14. Si possono seguire molti corsi che non fanno parte della specializzazione?
15. Quanto costa la tassa d'iscrizione minima? Come viene calcolata?
16. Secondo Dania, come potrebbe funzionare meglio l'università?
17. Ci sono anche degli aspetti positivi?

II. *Suggerimenti per elaborazioni orali o scritte.*

A. Scelga alcuni aspetti dell'università italiana descritti da Dania (sia positivi che negativi) e li confronti con degli aspetti della Sua università. Qual è la Sua conclusione?
B. C'è chi critica l'abitudine di alcuni college più selettivi di coccolare eccessivamente – o addirittura viziare – gli studenti. Questi eccessi andrebbero dai corsi per rimediare lacune nella formazione liceale alla presunta responsabilità dei professori di avere una funzione *in loco parentis*; da un coinvolgimento dei professori nella vita sociale degli studenti a una fin troppo precisa puntualizzazione del valore di ogni compito, prova, esame, ecc. nel voto finale, e addirittura, che bisogna fare i compiti! Secondo i critici, tutto ciò contribuisce a impedire una crescita nella responsabilizzazione, nel processo di maturità dello studente. È d'accordo?
C. Nell'università nordamericana, e in particolare quella statunitense, si dà molta importanza alle cosiddette *extracurricular activities* – inesistenti nell'università italiana – che a volte superano d'importanza la parte accademica. Un esempio lampante è lo sport universitario, che spesso funge da campo di prova per chi intende fare sport al livello professionistico. È inoltre noto che lo sport universitario è pieno di abusi di ogni sorta. Secondo Lei, qual è la funzione dello sport nell'università? Come si possono eliminare i tantissimi abusi e infrazioni? Sarebbe meglio eliminare le borse di studio per lo sport?

D. Usando i tempi passati, narri una Sua esperienza universitaria (positiva o anche negativa) che ha portato un cambiamento importante nella Sua vita.

E. Con un compagno di classe, si prepari una scenetta da presentare in classe, considerando bene la conversazione con Dania. Si segua questa traccia: uno studente nordamericano appena arrivato a Firenze per frequentare un corso nella facoltà di architettura ha un appuntamento con il professore nel suo ufficio. Lo studente è molto preoccupato per il corso e per come si svolgerà: quali domande fa lo studente al professore? Come risponde il professore? È severo o vuole rassicurarlo?

III. *Esercizi.*

A. All'infinito del verbo in parentesi, sostituire il modo e il tempo opportuno (i.e. Indicativo, Congiuntivo, Condizionale; presente, passato, imperfetto).

1. Mimmo ha telefonato per dire che lui (iscriversi) _____ alla facoltà di architettura per l'anno prossimo.
2. Se il corso fosse stato più rigoroso, noi (imparare) _____ molto di più.
3. La settimana scorsa, mentre voi (fare) _____ la prova scritta, uno studente che (avere) _____ i capelli lunghi (impedire) _____ che l'esame (finire) _____.
4. Il sovraffollamento è il disagio più grave che ci (essere) _____ all'università.
5. Il professor Fasola ha dato la bibliografia agli studenti nel caso che ne (avere) _____ bisogno.
6. Sarò fuori corso se non (dare) _____ l'esame a giugno.
7. Durante il discorso, il rettore ha annunciato che il famoso cantante hip-hop, Master Zap-U, (partecipare) _____ alla festa delle matricole alla mensa.
8. 'Marcantonio, può succedere che il tuo colloquio con il professore di astrofisica (andare) _____ all'aria per la manifestazione politica.'

9. Appena mi laureo (prendere) _____ un periodo di vacanza in Burkina Faso.

·10. È possibile che loro (lavorare) _____ e (frequentare) _____ anche dei corsi.

B. Scrivere delle frasi di confronto equivalente, usando l'aggettivo proposto (e facendo l'accordo dove necessario). Si ricordi che è facoltativo l'uso del primo elemento (*tanto, così*) e che non si scambiano gli elementi delle coppie *tanto/quanto, così/come*.

Esempio: la facoltà di architettura / la facoltà di lettere: affollato
La facoltà di architettura è così affollata come la facoltà di lettere. (La facoltà di architettura è tanto affollata quanto la facoltà di lettere).

1. la laurea in fisica / la laurea in letteratura comparata: difficile
2. la manifestazione politica / l'assemblea degli studenti: noioso
3. gli studenti di estrema sinistra / gli studenti di estrema destra: violento
4. la prova scritta / la relazione orale: stressante
5. la tassa d'iscrizione / il costo dei libri: alto
6. il modulo / la pratica burocratica: complesso
7. studiare / lavorare in ufficio: piacevole
8. la mensa / la palestra: lussuoso

C. Usando un aggettivo, scrivere una frase di confronto ineguale fra i due sostantivi.

Esempio: la carriera universitaria / la carriera militare
La carriera universitaria è meno pericolosa della carriera militare.
La carriera militare è più pericolosa della carriera universitaria.

1. i laureati / gli studenti fuori corso
2. fare la fila / aspettare seduti
3. il consiglio del professore / i suggerimenti della zia
4. l'equitazione / il pugilato
5. ingegneria / astrofisica
6. la professoressa esigente / il 'barone' autoritario
7. i corsi serali / le lezioni di mattina presto
8. il college americano / l'università italiana

D. Scegli ere la forma giusta.

1. La lezione è *più affollata / la più affollata* di ieri.
2. La professoressa Torchemada è *più esigente / la più esigente* della facoltà di giurisprudenza.
3. La prova scritta è *meno dura / la meno dura* dell'interrogazione orale.
4. Eutizio è *meno preparato / il meno preparato* di Eustachio.
5. La mancanza di aule è il problema *più serio / il più serio* che ci sia.
6. Eutizio studia *meno / il meno* dei compagni di classe.
7. L'università Bocconi è forse l'università *più cara / la più cara* d'Italia.
8. Giancarla è *più intelligente / la più intelligente* del corso di gerontologia.

Settima conversazione: Giancarlo

GIANCARLO, di madre americana e padre svizzero, ha sempre abitato a Firenze tranne che durante un periodo di studi in Inghilterra e una breve parentesi in Svizzera durante la guerra. Per molti anni ha svolto[1] molteplici attività legate all'arte e all'artigianato. In quest'intervista ci parla della sua carriera e della sua vita a Firenze prima e subito dopo la Seconda guerra mondiale.

SCHEDA DI CULTURA: L'Italia e la Seconda guerra mondiale.

Alleata con la Germania nazista di Adolf Hitler, l'Italia fascista sotto il dittatore Benito Mussolini entrò nella Seconda guerra mondiale nel 1940. L'insufficiente preparazione delle forze armate fasciste determinarono una serie di gravi sconfitte sui campi di battaglia, e, nel 1943, la caduta del regime fascista e l'arresto di Mussolini che fu subito liberato dai nazisti per poi collaborare con loro. Dopo l'armistizio con gli alleati (firmato a settembre), la guerra in Italia continuò tra i nazifascisti e gli alleati e i partigiani che partecipavano alla liberazione dell'Italia. La guerra finì nell'aprile del 1945, e Mussolini venne fucilato[2] subito dopo dai partigiani. Tra i punti più dolenti del regime fascista rimangono le leggi razziali contro gli ebrei italiani, che risultarono nella deportazione di molti di questi nei campi di sterminio nazisti.

Per molti anni è stato attivo come ceramista e pittore e ha svolto altre attività sempre legate all'artigianato. Come ha cominciato?

C'è sempre stata la necessità di fare qualcosa che portasse un po' di soldi, dove c'era la possibilità di guadagnare! Alla ceramica arrivai più tardi. Come ho cominciato? Da ragazzo avevo tendenza per il disegno, facevo figure – le conservo ancora in libri che ti posso far vedere – avevo quattordici-quindici anni, facevo molte illustrazioni. In seguito passai al disegno grafico. Poi feci le scuole in Inghilterra e anche

---

[1]ha svolto (svolgere) = ha fatto; [2]fucilare = *to execute by firing squad*

l'Istituto d'arte e l'Accademia in Italia, dove feci il nudo. Bisognava poi decidere se fare pittura o qualche altra cosa. Era durante la guerra; io avevo messo su[3] uno studio d'arte vicino alla ferrovia che fu poi bombardato quando ero ancora in Italia. A quel tempo io dipingevo senza successo. Può sembrare strano, ma avevo molte amicizie tra gli artisti tedeschi a Firenze che facevano allora delle cose interessanti, un po' diverse e meno accademiche. C'era un gruppo connesso con l'Accademia, con il vecchio Berman, che ora è morto ma i suoi quadri ancora vendono bene; e anche Rudolf Levin, morto tragicamente: fu portato a Mathausen,[4] poveretto. Aveva quasi settant'anni e diceva: 'Son vecchio, a me non mi toccano.' E invece l'hanno preso. Era un gruppo di artisti che stavano tutti alla Pensione sorelle Bandini.[5] Poi c'era un certo Steiner che aveva bisogno di un alloggio per un periodo a Firenze e io glielo feci trovare. Era un tipo un po' scontroso e litigioso, chiaramente contro il regime e bisognava essere attenti intorno a lui. Era il '43, avevo venticinque anni. Poi io lessi nel giornale che potevo essere proscritto[6] visto che ero maschio – la situazione era diventata pericolosa – ed era opportuno andare in treno in Svizzera. E in Svizzera, dopo aver lavorato con la Croce Rossa, trovai un posto come grafico e lavorai per gli orologi Universal che era una nota ditta di orologi. Quindi cominciai a guadagnare qualcosa facendo oleografie[7] per la pubblicità, cartelloni,[8] etichette.[9] Dopo andai per un po' a Milano dove continuai con la pubblicità, l'illustrazione: praticamente dal '45 fino al '54 mi sono occupato di arte pubblicitaria. Guadagnavo un po' ma era molto erratico e quindi con un po' di soldi che avevo io misi su lo studio per la ceramica così potevo fare delle cose con le mani e venderle, cosa che feci dal '56 fino al '84.

La pittura è dunque stata la Sua prima fase.
La pittura l'ho sempre fatta ogni tanto quando c'era tempo, ma non ho fatto mostre, non ho mai sviluppato, non ho un nome nel campo; ho fatto su commissione dei quadri.

Si è anche dedicato ad altro?
Sì, ho fatto anche l'architetto, come al Ciocco, che è un grande complesso turistico. Ho fatto alberghi, case, ristoranti. Era nel 1960, e mi chiamò uno dei proprietari per cui avevo fatto molti oggetti in ceramica. Face-

---

[3]mettere su = *to set up*; [4]campo di concentramento nazista; [5]pensione a Firenze in piazza Santo Spirito, ancora in esistenza; [6]Dopo l'armistizio nel '43, i nazifascisti prendevano i maschi per farli lavorare o combattere; [7]metodo per riprodurre immagini; [8]*posters*; [9]*labels*

vano pubblicità per Natale: per la loro ditta di prodotti medicinali mi commissionarono di fare regali per tutti i dottori, tutti i rappresentanti che usavano e distribuivano i loro prodotti. Era una forma di piccola tangenteria![10] E dopo mi occupai anche della pubblicità per il posto, feci cartelli, disegni. In seguito feci anche l'arredamento[11] di alcune loro case a Lucca, sul litorale,[12] e mi chiamarono per fare gli alberghi, i ristoranti; a Camaiore,[13] anche uno a Roma e in altri posti, dal '70 fino a oggi. Io curo tutto quello che si vede, soprattutto gl'interni, ma anche le facciate. Vesto, per così dire, il lavoro fatto da ingegneri. Lavoro con altre persone – specialisti in muratura,[14] idraulici[15] eccetera – e insieme si decide di fare così o cosà.[16] È come vestire una persona nuda!

Come è entrato in questo settore?
Io ho sempre disegnato per me edifici e cose simili: ho fatto questi libri sulle formiche[17] con le loro città, ho creato un mio mondo pieno di disegni di città e paesi che ho inventato, te lo faccio vedere: 'Formicandia,' era un mio passatempo. Mi immaginavo paesi dove non ho ancora formulato come sono gli abitanti. Avevo persino studiato carte geografiche, e ho creato una geografia completa per questo mondo. Peccato, se avessi dedicato più tempo ad altre cose sarebbero state forse anche rimunerative! Sono un architetto mancato, non avevo mai la capacità matematica.

Com'era l'ambiente che frequentava prima della guerra?
Come ti avevo detto, ero in Inghilterra fino al '35 nei collegi. Tornai da mia madre nel '35, era già divorziata da mio padre e abitavamo in questa villa al viale Michelangelo.[18] Io cominciai a fare l'Accademia per decorazione, poi pittura, ma l'ambiente era un po' squallido, un misto di gente strana, un po' pigra, non molto stimolante. A Firenze feci degli amici, di cui molti buoni; non tutti venivano dall'ambiente artistico, alcuni diventarono avvocati o professori, ed alcuni erano mezzo inglesi. Poi c'era un altro uomo che mi faceva da tutore; era molto giovane, intelligente e colto, quasi coetaneo[19] degli altri. Era di estrazione modesta questo Ferruolo, figlio di una carbonaia,[20] e aveva studiato e riuscì così a dire che era di cultura 'vecchio.' Io mi ricordo che durante la guerra

---

[10]termine inventato da tangente, *bribe* (Tangentopoli); [11]*interior decoration*; [12]costa; [13]cittadina toscana in provincia di Lucca; [14]tutto ciò che ha a che fare con la costruzione di muri; [15]*plumbers*; [16]in questo modo o in quest'altro modo; [17]*ants*; [18]Viale sulle colline che circondano Firenze, dove ci sono bellissime ville con stupendo panorama della città; [19]Aveva più o meno la stessa età degli altri amici; [20]donna che vende carbone

lui faceva parte di un gruppo di scrittori che si riuniva e si leggevano i loro lavori scritti, racconti e poesie. Quando ci fu la liberazione[21] un certo professore americano – non ricordo bene il suo nome – lo fece andare in America, dove diventò professore universitario a Berkeley. Sarà partito che aveva meno di trent'anni, aveva solo quattro-cinque anni più di me. E dopo che si stabilì venne anche la moglie e la madre. Poi come ti ho detto avevo questi amici artisti tedeschi durante la guerra, ma ho sempre trovato che la maggior parte dei pittori sono antipatici; a quel tempo quelli dell'accademia erano piuttosto rudi. Allora c'era anche molta politica all'Accademia, quindi tutti – veramente tutti – erano fascisti. Quando c'erano le manifestazioni bisognava andare con questi che gridavano. Chi pensava in modo contrario era gente ormai anziana, molto nell'ombra. Pubblicamente non si poteva dire assolutamente niente, bisognava stare molto attenti. Io personalmente non ho rischiato, ma ricordo fin dalla guerra in Etiopia[22] c'era un acceso[23] – quasi universale – appoggio per il regime. Io avevo studiato in Inghilterra, ed ero abituato a tutti che si esprimevano e quindi questo fatto mi ha scombussolato.[24]

C'erano anche artisti che non appoggiavano il regime?
Sì, i tedeschi di cui ti ho parlato, anche perché molti erano ebrei o mezzo ebrei. Forse pochi altri: ripeto, era pericolosissimo e bisognava essere molto attenti. A volte sembrava che tutti gli artisti più o meno appoggiassero il regime e molti hanno avuto fortuna. Il fascismo lanciò artisti come Guttuso,[25] anche se dopo cercò di sconfessare e poi andò dall'altra parte. Guttuso o Rosai[26] non erano politicanti – loro dipingevano – però la loro fortuna è nata dall'appoggio al fascismo in quegli anni.

Durante quegli anni cosa faceva per svago?
Io sono rimasto qui fino alla fine del '42. Prima della guerra non mi potevo lamentare, ma certamente non ero tra quelli che erano più agiati.[27] Ricordo che la gente si divertiva, non era molto diverso da quello che si fa oggi. C'era molta vita sociale, si facevano ricevimenti con cocktail, balli, continuamente balli, danze. Magari ora si va più al cinema, forse c'è più musica, concerti. Ricordo che si facevano cose che erano ricercate dalle americane. Erano più libere, insomma: si potevano in-

---

[21]nell'aprile del 1945; [22]Nel 1935–36 l'Italia fascista ha conquistato brutalmente l'Etiopia; [23]forte; [24]confuso e meravigliato; [25]Renato Guttuso (1912–87), influente pittore del realismo italiano; [26]Ottone Rosai (1885–1957), pittore fiorentino noto per i suoi temi popolari; [27]ricchi

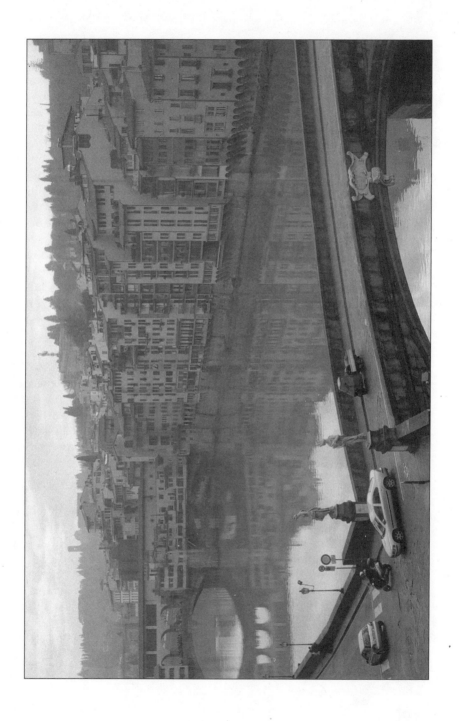

vitare, venivano fuori a cena, si andava al cinema senza tante storie, mentre con le italiane bisognava andare in gruppo, non si poteva andar da soli facilmente, bisognava essere fidanzati. La vita che conoscevo era abbastanza fastosa,[28] gli alberghi erano pieni di americani – c'era una colonia di americani, molti intellettuali. Oggi gli americani qui sono brave persone, persone di qualità, più seri, più misurati, che lavorano; non gente che girava in un macchinone, una specie di personaggi usciti dai romanzi di F. Scott Fitzgerald![29] Dunque c'era una vita. Non si può negare che fino allo scoppio della guerra, non si sarebbe mai pensato che ... Il fascismo in Italia certamente non era un sistema così repressivo come dicono del comunismo nelle sue incarnazioni peggiori; era un po' all'acqua di rose.[30] Mio fratello perfino ebbe una presentazione a Mussolini dall'America perché aveva disegnato un edificio per la scuola d'arte Leonardo da Vinci; fece un progetto che poi non venne mai realizzato e venne qui in Italia. Ho una fotografia di lui che saluta il console italiano davanti al progetto con la mano così,[31] ma non venne mai realizzato, venne la guerra.

Sembra che il Suo fosse un ambiente abbastanza mondano ...[32]
Io quando la guerra scoppiò avevo circa ventun anni, ero ancora giovane, non ero proprio un uomo, non avevo trent'anni. Ero magari un pochino diverso, ero un po' in mezzo in quanto avevo madre americana, questa lunga esperienza nei collegi inglesi e amici americani. Le ragazze ricordo andavano a questa famosa Miss Childs' School[33] dove c'era una *chaperone* molto snob che selezionava i giovanotti; erano di un certo livello di cultura, ma molti erano semplici snob che appartenevano alla vecchia aristocrazia titolata. E ricordo con le ragazze si facevano *tea parties* o si andava certe volte a ballare in un bel posto a piazza Davanzati: era quasi l'unico posto pubblico. C'erano anche balli all'Accademia, al Grand Hotel, ma generalmente i balli erano privati, molto eleganti; gli altri erano snobbati dalla società perché troppo misti.

Quando è ritornato dalla Svizzera dopo la guerra cosa ha trovato?
Ricordo quando tornai dalla Svizzera nel '45. Lavoravo per la Croce Rossa: per Natale ebbi il permesso e venni giù in treno fino a Milano,

---

[28]*opulent*; [29]Francis Scott Key Fitzgerald (1896–1940), scrittore statunitense noto soprattutto per il suo romanzo *The Great Gatsby* (1925); [30]Non faceva grand'uso della violenza, nel senso che non ha commesso stermini come i regimi di Stalin, di Mao, di Pol Pot, ecc.; [31]con il braccio teso in alto: il saluto romano del fascismo e del nazismo; [32]pieno di feste e divertimenti; [33]scuola inglese per ragazze a Firenze

poi abbiamo dovuto prendere un autobus per arrivare a Firenze e arrivammo tardi la sera. Sì, c'era molta distruzione che si vedeva intorno al ponte Santa Trinità: quello fu rifatto; altrimenti nel centro della città, poca. In alcune altre zone qui e lì c'erano dei palazzi distrutti, poi qualche buco perché i tedeschi avevano sparato dalle colline. Quella che era veramente rovinata era via Por Santa Maria e le strade che portavano al ponte Vecchio. Hanno fatto presto a ricostruire, male, ma l'hanno fatto. Cibo c'era, anche abbondante; mia sorella aveva portato con sè del cibo dalla Svizzera ma non era necessario. Tra la gente trovai prima di tutto una grand'euforia per il cambiamento, la libertà. C'erano più libri in circolazione, anche più automobili – io da giovane la macchina non l'ho avuta, a trentadue anni comprai la prima; a ventun anni avevo solo due amici che usavano la macchina, ma era quella del babbo. Quindi era la stessa situazione di prima: le classi si mantenevano piuttosto rigide all'epoca con gli aristocratici che avevano ripreso a fare le feste, a invitare. A Firenze è incredibile: queste famiglie che ancora hanno tutto questo ben di Dio,[34] palazzi in centro che tengono da secoli, cosa che non esiste altrove al mondo. In Inghilterra la nobiltà si è impoverita, in Germania comincia forse a riprendersi, in Francia sono senza soldi. Poi qui ci sono anche i nuovi ricchi o borghesi molto agiati[35] che si sono arricchiti, maggiormente professionisti.

Ha ripreso l'attività artistica subito dopo la guerra?
No, dopo la guerra lavorai nella pubblicità per quella ditta di Milano di cui ti dissi prima. Facevo pubblicità per molte cose dalla ESSO[36] a marchi di caffè e altro.

Quali cambiamenti ha notato negli ultimi trenta-quarant'anni?
Direi che soprattutto le mode son cambiate. La vita in Italia certamente è migliorata nel senso materiale; c'è tutto, tutti stanno bene (o quasi), ma molti miei amici si lamentano perché manca la pace, la sicurezza che c'era prima. Dovrebbero essere più severi con le leggi in Italia: arrestare, punire i criminali; è una cosa che succede troppo poco. Alla mia età mi sento indifeso e ho paura della criminalità. C'è stato indubbiamente progresso, molto benessere. Prima gli operai camminavano per chilometri per andare a lavorare, ora tutti hanno la macchina. E qui forse bisogna ringraziare i democristiani per il boom[37] perché hanno

---

[34]ricchezza; [35]*well-off*; [36]ora conosciuta come EXXON; [37]l'impressionante crescita economica dalla seconda metà degli anni Cinquanta fino ai primi anni Sessanta in Italia (il miracolo economico)

impedito che venisse il comunismo. C'era più povertà prima e subito dopo la guerra.

Quindi che cosa si è perso?
Difficile dirlo: si perde di qua e si guadagna di là. Ma tutti si lamentano che Firenze è peggiorata – specialmente nel centro – sotto il punto di vista della vivibilità, ma anche per le nuove mode portate dall'estero. Ad esempio in centro si vedono tutti questi posti tipo *fast-food* per i turisti soprattutto, che hanno preso il posto dei ristoranti tipici; ed anche molti negozi vendono cose brutte a poco prezzo. Quindi il centro non è bello come una volta. Poi l'inquinamento dal traffico, il rumore dei motorini. Prima di tutto bisogna ricordare che Firenze è una città d'arte con delle magnifiche cose. Le porte sono state aperte a tanta gente che ora può venir qui a vedere. Prima erano pochissimi che potevano viaggiare, e dall'America veniva poca gente, molto ricca; ora non più: da anni Firenze è alla portata di tutti, vengono da tutto il mondo. Molti si lamentano di una classe turistica di gente che spende poco, conosce anche meno l'arte che vorrebbe vedere, non lascia niente eccetto inquinamento e sporcizia, traffico e affollamento.

Ho visto ieri che la fila per entrare negli Uffizi[38] si snodava fino al ponte Vecchio.
Questo era impensabile una volta. Però bisogna dire che queste opere d'arte vengono viste da più persone, quindi non può essere altro che un bene da un punto di vista di civiltà. Dunque si può anche dire che questo *fast food* è necessario perché questa gente che non può spendere molto deve anche mangiare da qualche parte!

Non ha creato problemi questo accesso all'arte?
Da un punto di vista sociale è stato un bene: più gente vede la bellezza creata dall'uomo, non ti sembra? Non penso che questo aspetto positivo venga sufficientemente proclamato, perché tutti parlano di Firenze sciupata,[39] brutto centro, sporco. Era certamente una volta tutto più bello; questi bottegoni[40] e *fast food* per i turisti sono molto brutti ...

Dunque l'arte dev'essere aperta a tutti o riservata a pochi conoscenti?
Generalmente è poca la gente che veramente capisce. C'è anche l'am-

[38]Gli Uffizi a Firenze è uno dei musei più importanti del mondo soprattutto per le collezioni di arte medievale e rinascimentale italiana; [39]rovinata; [40]grande negozio che vende merce a buon mercato

biente che influenza; io penso che ci sia una specie di selezione naturale, c'è chi è portato a interessarsi dell'arte e chi no. Certamente bisogna dare la possibilità alla gente di vedere l'arte.

Perché ha smesso l'attività?
Non mi sono proprio ritirato, ma ho cominciato a ridurre il lavoro. Avevo un'attività abbastanza fiorente con la ceramica. C'era anche altro lavoro, però era irregolare. La ceramica invece dava una certa sicurezza. Con la ceramica potevo fare anche molti oggetti in serie. Avevo una clientela con aziende che avevano *showroom* e quindi mandavo roba a Bloomingdale's, Marshall Field's, Jensen e tanti altri posti, ma non guadagnai molto con questa collezione. Poi avevo tre-quattro operai, ragazze a dipingere, e dovevo pagar questi; quindi per poco non ci rimettevo.[41] Il problema è che, per avere qualcuno che s'impegni per te, non lo puoi pagare tre mesi e poi mandarlo via quando non ci sono ordinazioni. Ho cominciato a rimetterci quando mi hanno chiesto questi grandi lavori e ho dovuto chiamare molta gente per aiutarmi, ma in nero[42] e *part-time*. C'era il problema di infornare roba pesante, seguire il forno. Era tutta una cosa complicata, bisogna essere giovani, ora non potrei fare tutto questo. Comunque tutto andò bene fino al '77, quando ebbi un'operazione di ernia, credo un po' fosse dovuto a questi sforzi. In seguito ho avuto problemi con i permessi, con l'Enel[43] per il forno, da cui avevo un vecchio contratto molto vantaggioso; bisognava cambiare il canone,[44] fare diversamente. Poi nuove leggi per cui non si poteva esporre gente a pericoli sul posto di lavoro. E poi tutta la contabilità:[45] diventò troppo difficile.

Lei è anche legato da rapporti di amicizia con americani e inglesi trapiantati a Firenze.
Molti di questi trapiantati erano venuti soprattutto al principio del secolo ed era un gruppo unito prima della guerra. Alcuni erano uomini d'affari, altri erano pensionati che poi si compravano una villa e rimanevano qui. Dopo la guerra c'è un via vai[46] di gente che rimane per periodi più brevi, professori e artisti specialmente. C'è sempre stato questo rapporto inglese per via dei miei studi in Inghilterra, la mia conoscenza della lingua inglese.

---

[41]perdeva denaro; [42]*off the books*; [43]compagnia nazionale dell'elettricità; [44]accordo per la somma da pagare; [45]tener bene i libri con tutte le spese, ricavi, tasse, ecccetera; [46]venire e andare

Sua madre era americana.

Sì, era nata a Newton, vicino a Boston. Cutler si chiamava di cognome. Il suo prozio era Bell, quello del telefono. E suo nonno era Samuel Morse.[47] Altri parenti si trovano nel cimitero qui a Firenze.

I.   *Rispondere alle seguenti domande.*

1. Come è arrivato Giancarlo a fare ceramiche?
2. Perché durante la guerra era amico di alcuni tedeschi?
3. Di che cosa si occupava nel ramo dell'architettura?
4. Che cos'è 'Formicandia'?
5. Chi erano i suoi amici prima della guerra?
6. Com'era il clima all'Accademia?
7. C'erano artisti che non appoggiavano il regime?
8. Come si divertiva Giancarlo in quegli anni?
9. Cosa pensa delle giovani americane di allora? Come erano gli americani a Firenze?
10. Perché era spesso con inglesi e americani?
11. Come ha trovato Firenze quando ritornò dalla Svizzera dopo la guerra?
12. Era molto cambiata la vita dell'aristocrazia?
13. Secondo Giancarlo, quali cambiamenti ci sono stati in Italia negli ultimi trenta-quarant'anni?
14. Cosa si è perso?
15. Perché crede che sia positivo che molta gente veda l'arte di Firenze?
16. Perché ha praticamente smesso di fare ceramica?
17. Perché inglesi e americani si trapiantavano a Firenze?
18. Con chi è imparentato?

II.   *Suggerimenti per elaborazioni orali o scritte.*

A. Si ripensi alla conversazione con Giancarlo. Che tipo di persona è? Come se lo immagina? È una persona con cui Lei potrebbe stringere amicizia? Usi degli esempi concreti.
B. Durante il fascismo, diversi artisti e scrittori italiani hanno scelto

---

[47]Samuel F.B. Morse (1791–1872), inventore e pittore statunitense, noto soprattutto per il codice Morse

di non opporsi al regime di Mussolini per continuare a lavorare; Giancarlo ne cita qualche esempio. Pensa che l'artista, lo scrittore, abbia la responsabilità di combattere con l'arte i soprusi di un regime dittatoriale? Puo dare qualche esempio di chi lo ha fatto, e di chi ha scelto il silenzio? Che effetto ha avuto, e che cosa è successo a questa persona?

C. Cosa pensa di ciò che racconta Giancarlo degli americani, specialmente le donne? Se Lei è stato/a in Italia (o altrove all'estero), e ha osservato il loro comportamento, pensa che abbia ragione?

D. Nel ricordare come ci si divertiva prima della guerra, Giancarlo dice: 'Non si può negare che fino allo scoppio della guerra non si sarebbe mai pensato che ...' e non termina la frase. Come pensa Lei che avrebbe finito questa frase? Che cosa Le fa venire in mente?

E. Giancarlo dice che far vedere opere d'arte a più gente possibile è sempre un bene, anche se questo può portare problemi per l'afflusso di troppa gente. A Venezia invece da tempo si discute il bisogno di limitare il numero di turisti che vengono nella città. Si prepari un dibattito in classe sostenendo il punto di vista contrario al Suo.

F. Con un compagno di classe, si prepari una scenetta da presentare in classe, considerando bene la conversazione con Giancarlo. Si segua questa traccia: un importante collezionista di ceramiche vuole che Giancarlo riprenda la sua attività artistica per creare dei nuovi pezzi da vendergli. Cosa dice il collezionista per cercare di convincerlo? Perché Giancarlo accetta (o rifiuta) la proposta del collezionista?

III. *Esercizi.*

A. All'infinito del verbo in parentesi sostituire la forma opportuna del passato remoto o del trapassato remoto, come richiesto dal contesto.

Esempio: Appena il maestro Stiffelius (finire) _ebbe finito_ di dirigere il concerto, il pubblico (scoppiare) _scoppiò_ in un fragoroso applauso.

1. Duilio (finire) _____ i suoi studi all'Accademia prima della guerra.

2. 'Mamma e papà, è vero che voi (fare) _____ una vita mondana negli anni Quaranta?'
3. Io (essere) _____ con la Croce rossa in Svizzera.
4. Noi non (andare) _____ al ricevimento del conte Pappalardo.
5. Il professor Schwoch (leggere) _____ che i tedeschi avrebbero bombardato la ferrovia.
6. Gli amici spagnoli (venire) _____ a trovare il mio prozio nel 1910.
7. Io (dare) _____ un quadro antico alla baronessa Ragliato per il suo novantaquattresimo compleanno.
8. Appena tu (entrare) _____ nel teatro, tu (prendere) _____ posto davanti.
9. 'Procolo, perché non (finire) _____ di scrivere quel racconto sulle formiche quando eri al liceo?'
10. Il marchese Brancaccia (gridare) _____ che non avrebbe mai pranzato con persone di estrazione modesta.
11. Dopo che io (tornare) _____ dall'Inghilterra, (conoscere) _____ il professor Tubetti.
12. Alcuni grandi pittori (vendere) _____ i loro dipinti per pochissimi soldi.
13. Quando il ricevimento (cominciare) _____ , Mister Fitzgerald (arrivare)_____ in un macchinone americano.
14. Piero (dire) _____ che il ballo avrebbe avuto luogo nel palazzo del principe Ululati.
15. Ludovica ed io (cenare) _____ al Grand Hotel al lume di candela.

B. Scrivere l'articolo determinativo per le seguenti parole.

Esempio: stranieri *gli stranieri*

1. valutazione 2. criminalità 3. sporcizia 4. rumore 5. problema 6. borghese 7. criminale 8. sporco 9. operaie 10. pittura 11. straniere 12. illustrazione 13. idraulico 14. psicologo 15. scrittore 16. fasciste 17. intellettuali 18. azioni

C. Volgere al contrario (plurale o singolare).

Esempio: gli enormi problemi *l'enorme problema*

1. i macchinoni americani 2. il regime comunista 3. le musiche facili 4. gli snob aristocratici 5. le enormi distruzioni 6. l'età giovane 7. i professionisti arricchiti 8. il ristorante tipico 9. la ceramica elegante 10. l'attività fiorente 11. l'ordinazione grande 12. gli studiosi interessanti

D. Completare la frase con la forma corretta del verbo *piacere* allo stesso tempo del verbo principale, e con il complemento di termine (pronome oggetto indiretto) che si riferisce al soggetto. Non dimenticare l'accordo dove necessario!

Esempio: Giacinta è andata alla conferernza del professor Porro e ...
Giacinta è andata alla conferenza del professor Porro e *le è piaciuta.*

1. Il signor Rospini ha comprato quella ceramica perché ...
2. Peccato: avremmo acquistato la villa sul viale perché ...
3. È vero che voi lasciate la facoltà di architettura perché non ... ?
4. 'Dottor Gregori, mi dicono che non vuole andare al ricevimento perché non ...'
5. 'Maria, è chiaro che questo pittore non ...'
6. Le ragazze avranno da noi dei regali che ...
7. Io ho provato le fettuccine alla Nutella e ...
8. Le zie non hanno dato una mancia perché il pollo non ...
9. 'Signorina, era ovvio che la pubblicità per la pizza Big Super non ...'
10. Lo zio Chuck assaggerà le lasagne e ...

E. Scrivere l'equivalente in italiano.

1. We like crafts.
2. Those students don't like me.
3. They liked those ads.
4. I wanted her to like those drawings.
5. Mr. Spinaccioni would have liked the short stories.
6. He liked the works of art.

Ottava conversazione: Adriana

ADRIANA ha quasi quarant'anni e non si è mai sposata. Ecco i suoi pensieri sul maschio italiano e sui rapporti tra uomini e donne in Italia.

SCHEDA DI CULTURA: La famiglia italiana.

All'inizio del secondo millennio, la famiglia italiana si presenta molto cambiata rispetto a com'era solo venticinque anni fa. Mentre prima le famiglie erano in genere numerose, ora il tasso di natalità in Italia è tra i più bassi del mondo: le coppie non arrivano a fare nemmeno due figli, anche se nel sud la media[1] è più alta che nel resto dell'Italia. Ci sono diverse ragioni per cui si fanno pochi figli: molte donne ora lavorano: non si chiede più alla donna di stare in casa e accudire[2] ai figli. L'influenza della religione cattolica è diminuita, e l'uso dei contraccettivi è molto diffuso, così come è sempre in aumento il numero di matrimoni che finisce in divorzio. Inoltre la società dei consumi presenta nuove tentazioni[3] negli acquisti e nell'uso del tempo libero; una società, dunque, più orientata all'edonismo che nel passato.

Parliamo un po' del maschio italiano. Pensa che ci sia qualche caratteristica che lo distingua?
Mi posso anche sbagliare, ma le caratteristiche di base maschili forse sono uguali dappertutto! Ad esempio, il maschilismo più o meno è sempre presente, anche se sarà meno sentito in alcune parti. Dunque, parlando dell'uomo italiano ... bisogna che io conoscessi anche la casistica[4] degli altri! E le mie esperienze sono forse piuttosto limitate, quindi parlo anche di quello che ho letto e ho sentito dire. A rischio di cadere troppo nelle generalizzazioni, comincio con il fatto che il maschio italiano è solitamente molto attaccato alla madre, il famoso 'mammone.'

---

[1]*average*; [2]far crescere; badare ai figli facendogli da mangiare, aiutando con i compiti, vestendoli, ecc.; [3]ciò che non si resiste facilmente; [4]i particolari della situazione

Però non si può dare la colpa solo al maschio che si attacca troppo alla madre: il problema è anche di natura pratica. Cioè, qui si resta in famiglia per lungo tempo; non si fa come in altri paesi di andarsene via a diciotto anni. Bene o male il maschio si trova in una situazione da cui non può uscire facilmente: prima di tutto non può trovare casa, perché non c'è disponibilità di affitti[5] a prezzi raggiungibili per i giovani che hanno enormi difficoltà a trovare lavoro. Perciò è comune che i genitori sponsorizzino i figli almeno fino alla fine dell'università, venticinque-ventisei anni, se va bene; anche se li mandano a un'altra città ci pensano loro. Ma di solito stanno in famiglia; se vanno via dalla famiglia è perché si sposano. È difficile che vadano via prima, anche perché ci si sposa più tardi oggi: ci sono molte più donne singole e uomini singoli, ma molto più in là nell'età. Quindi la maggioranza degli uomini non è abituata a farsi le cose – a meno ché non sia proprio una persona indipendente – ed è per questo che dipende dalla madre.

Dunque questo rapporto esiste anche perché la madre accudisce[6] ai bisogni del figlio maschio?
Io credo[7] che troppe donne italiane non sono ancora molto evolute. Sì, ci possono essere delle madri che abituano i figli diversamente, ma credo che in Italia la donna è molto tradizionale e non lascerà fare al figlio certe cose di casa: pulizie, bucati, stirare e così via.

Perché dopo tutte le battaglie delle donne resiste la tradizione, la mamma che fa tutto e non si aspetta di essere aiutata?
Non so se sia dappertutto; sicuramente ci sono delle famiglie più evolute, ma si sale un po' di livello economico-sociale e anche di scolarizzazione, credo. Non so; certamente è anche diverso da regione a regione: nel Sud la donna per la maggior parte continua in un ruolo molto tradizionale. Certo che in Toscana – e siamo nel centro-nord – la figura femminile è molto importante, ha molto peso. Sembra di no, ma la donna è forte nel suo ambito.[8] Non vorrei sbagliare; ti dico le impressioni che ho sentito negli ultimi tempi.

Il maschio italiano ha dunque un buon rapporto con la madre?
A dir la verità la maggioranza che io conosco ha un cattivo rapporto

---

[5]i soldi che si pagano ogni mese per un appartamento; [6]Si prende la responsabilità di soddisfare i bisogni del figlio in casa; [7]Notare l'uso del verbo credere senza congiuntivo, che indica certezza; [8]*environment*

con la madre, ma sono sicura che si tratta di una minoranza: di solito sono attaccatissimi alle madri. Qui di nuovo ti parlo in generale, veramente!

Cosa si aspetta la madre dal figlio maschio?
Penso sia il senso di possesso. Forse si sente anche doppiamente protetta, oppure pensa al bisogno di essere mantenuta in vecchiaia: le donne si sa hanno una vita più lunga degli uomini! Sarà anche un discorso egoistico di tutti i genitori con i figli, forse la madre un po' di più: non c'è l'apertura mentale di lasciar andar via i figli; magari li vogliono per sempre con sè. Penso sia difficile avere un figlio, crescerlo, curarlo, tenerlo per tutto quel tempo e poi dire: 'Vabbene, vai.' La donna italiana crede ancora nel valore della famiglia – che c'è ancora nonostante tutto – e quindi tenta di tenerla insieme, ma ci sono grossi problemi anche perché aumenta il numero di separazioni, di divorzi.

Qual è la differenza nel rapporto che la madre ha con i figli maschi e quello che ha con le figlie femmine?
È difficile dirlo ma è ovvio che il maschio vede nella madre una figura femminile e la madre vede nel figlio una figura maschile. È forse troppo semplicistico dire che la figlia è più attaccata al padre e il figlio alla madre, e che poi un figlio proietta attraverso la madre le qualità che cercherebbe in una moglie, o completamente diversa, o uguale. È la prima figura femminile che uno si ritrova ad osservare, con cui ha contatto. Secondo me la madre tende a viziare[9] un po' il maschio, mentre con la femmina si aspetta che aiuti a sbrigare un po' le faccende di casa.[10]

Cosa sa del ruolo che il padre esercita sul figlio maschio?
Sebbene non l'abbia mai vissuto perché sono una donna, credo che anche la figura maschile per l'uomo sia importante per il modo d'imporsi, l'identità nella professione, il rapporto con la moglie, le donne in generale. Il padre fa da esempio, ma questo è dappertutto. Ci può essere anche concorrenza tra padre e figlio ma anche tra madre e figlia: eccome, se c'è! Conosco casi di madri che hanno mandato via le figlie perché le impedivano di avere compagni a casa, magari perché erano carine, erano gelose. È pazzesco, ma pure succede! La competizione può essere fortissima fra una madre e una figlia. E questa competizione con un figlio maschio dopo se la ritrova con la futura moglie. Per questo si dice

---

[9]*spoil;* [10]*to do housework*

sempre che c'è attrito[11] tra nuora e suocera: la madre è gelosa del figlio che se ne va e viene portato via da quest'altra figura femminile.

Cosa pensa che cerchi un maschio italiano in un rapporto con una donna?
Non lo so; è difficile perché si rischia di giudicare solo una fetta di società. Quello però che mi salta all'occhio è che tutti vogliono un buon rapporto con una donna, come una donna vuole poi trovare nell'uomo. Però dopo una certa età, specialmente se un uomo ha avuto delle esperienze negative – separazione o divorzio, quindi si parla della fascia dai trentotto ai cinquanta – il maschio dopo una delusione o ricerca un'altra compagna con cui rifare la vita, oppure c'è quello che vuole più rapporti insieme e non si vuole prendere responsabilità. E poi c'è anche il maschio che ha famiglia però fa la sua vita. Quindi io vedo tre tipi. In una donna poi cosa cerca: io credo che oggi il maschio vuole che la compagna lavori, almeno qui nel Centro, nel Nord. La figura della casalinga, specialmente per i giovani e i più evoluti, è meno comune: credo sia difficile che un uomo voglia tenere una donna sempre in casa – è fuori tempo, fuori luogo – ha piacere che lavori ed è anche una necessità oggi. Non si riesce ad andare avanti con uno stipendio solo in due persone, specie se poi viene anche un figlio. Di solito la donna lavora, ma non sempre troppo volentieri. Io mi rendo conto che molte non sono troppo contente di lavorare, specialmente quando arrivano i figli in quanto devono svolgere anche i lavori di casa e badare ai figli. Ma le coppie oggi fanno pochissimi figli – uno, forse: non c'è il desiderio di avere una grande famiglia, si vuole fare più il proprio comodo, viaggiare, divertirsi. Nella società italiana è molto importante l'idea del divertimento, di godersi la vita. Si è sempre goduta la vita qui, in fondo; però forse si è diventati più egoisti. Il fatto di non fare figli è anche per avere più libertà, più soldi per sè stessi.

È facile per una donna trovare soddisfazioni dal lavoro?
Firenze non credo sia una città dove è facile avere grandi soddisfazioni professionali. In Italia i posti migliori sono nelle grandi città come Milano. Io parlavo con un'amica poco tempo fa al telefono: lavora a Milano e s'ammazza[12] di lavoro ma sta facendo carriera. Non pensa a fare una famiglia perché lavora nove, dieci ore al giorno; torna a casa alle nove e mezzo di sera distrutta, mangia e va a letto. È in carriera, lavora nella pubblicità in una grande ditta: è una posizione che poco tempo fa

---

[11]*friction;* [12]ammazzarsi = *to kill oneself*

era solo maschile. Insomma, è la classica donna che si mette i pantaloni; impossibile avere una famiglia quand'è così. Sono soddisfazioni di lavoro che si possono avere solo in una città come Milano dove ci sono possibilità di carriera. Qui per i giovani c'è poco, è limitato, è tutto sul turismo. Si trovano certamente le donne che guidano gli autobus, che guidano i taxi; la loro soddisfazione se la prendono, ma la carriera ... Nella moda forse si può fare qualcosa, ma sono poche le possibilità.

Si fanno pochi figli soprattutto per volere della donna o anche del maschio?
Forse più della donna, perché la donna non può fare la mamma di casa con l'esigenza anche di guadagnare. Come fa? Dovrebbe restare a casa; chi li cresce i bambini? C'è l'esigenza di lavorare, la vita è cara.

C'è un rapporto di uguaglianza tra l'uomo e la donna?
Apparentemente sì, perché ho notato che sembra che ci sia una parità; ma poi andando a fondo si vede che è soltanto superficiale. Non parlo della parità dei diritti umani; parlo dell'etica, della morale. Faccio un esempio – forse banale – ma rende l'idea: un uomo ancora oggi se ha molte donne viene considerato positivamente: un simpaticone, intelligente, bravo; il Don Giovanni fa ancora effetto. Purtroppo se la donna fa lo stesso viene considerata poco per bene. Sebbene ci sia ancora questa mentalità molte donne hanno trovato la forza di farlo lo stesso. Però devo dire che, gira, gira, parlando con gli uomini, anche se sono per l'apertura, poi giudicano;[13] non c'è niente da fare. Quindi questo non lascia spazio di libertà completa, perché dovendoci vivere in questa società, se ti comporti in una certa maniera, c'è ancora questo pregiudizio latente: che il maschio è furbo se è così e viene ammirato; invece la donna non è per bene. Una cosa che mi dà fastidio poi è che il maschio a cinquant'anni può sempre trovare una donna più giovane, mentre a cinquant'anni una donna, anche se ancora bella, raramente può mettersi con uno molto più giovane di lei. Questo poi mette in moto un altro meccanismo: che le donne cercano di sembrare giovani il più possibile fino a tarda età e cominciano a far di tutto: e le creme, e le *beauty farm*, e le chirurgie plastiche ... tutto per piacere!

Ci sono altri modi in cui si manifesta questa mancanza di parità?
Direi che nelle faccende di casa è sempre la donna che fa tutto o quasi, anche se tra le coppie giovani il maschio comincia a dare una mano,

---

[13]Giudicano in modo negativo.

aiuta abbastanza. Fanno anche le cose che fa la donna: cambiano il bambino, fanno la spesa. Nel mondo del lavoro ci possono essere dei problemi di tipo ricattatorio.[14]

Prima aveva detto 'la classica donna che si mette i pantaloni.' Cosa intende?
Quella che si mette i pantaloni è una donna forte, aggressiva, determinata; quasi sempre senza famiglia o se ce l'ha c'è il marito che l'assiste. Per fare la donna in carriera deve faticare il doppio dell'uomo sicuramente, con molte difficoltà perché è una vita stressantissima. Deve occuparsi più o meno della casa, o è da sola.

Ci sono delle carriere che sono ancora chiuse alle donne?
Io direi di no; ci sono forse dei limiti e anche settori che non sono stati esplorati: non credo ci siano molte donne pilota d'aereo! Alcuni settori sono poi quasi esclusivamente femminili: l'insegnamento al livello elementare, per esempio, ma anche per motivi pratici: si finisce di lavorare presto così si può tornare a casa e sbrigare[15] le faccende di casa e stare con i figli. Ci vuole ancora del tempo, è ancora in evoluzione.

Però Lei hai visto dei cambiamenti in questi ultimi vent'anni ...
Certo, molto è cambiato. Non c'è più la sicurezza di trovare un rapporto definitivo e di fare un progetto per il futuro. Oggi è molto più vago, c'è meno stabilità; forse è anche colpa della donna perché ora ha più forza di dire di no a un rapporto che non va bene, quindi a scinderlo.[16] Mentre prima aveva più paura non lavorando, non avendo un sostegno; magari aveva paura socialmente del giudizio degli altri. Ormai si è diffusa l'idea della parità ed è giusto che anche la donna prenda le sue decisioni. Poi si sono aperte nuove possibilità di lavoro e dunque non ha più bisogno dell'uomo per poter sopravvivere; ha visto che può lavorare, e a un certo punto si è fatta strada anche l'idea che i bambini possono vivere senza la coppia unita. Io lo trovo sbagliato, ma purtroppo molta gente pensa: 'Meglio uno buono che due cattivi.' Però le ragazze che hanno figli senza sposarsi sono abbastanza rare in Italia. Ci sono anche altri cambiamenti – credo – che hanno influenzato la coppia. Siamo diventati più egoisti, abbiamo più bisogni – anche falsi bisogni – più voglia di divertirsi, più tentazioni. E poi più la società ti rende libera, più coppie si separano, la disponibilità[17] aumenta. Quindi se una coppia si lascia c'è più certezza che si può trovare un'altra persona; mentre prima la coppia stava insieme lo stesso e soprattutto l'uomo

---

[14]*harassment;* [15]fare in modo efficiente; [16]terminarlo; [17]*availability*

faceva quello che gli pareva.[18] Secondo me ci sono coppie tradizionali
e poi le coppie tradizionali-evolute; cioè stanno insieme ma ognuno fa
la sua vita, lo fanno per i figli o per una situazione di comodo. Non
vogliono perdere il legame con una persona per cui hanno un certo af-
fetto, però è finito il legame affettivo-sessuale e questo magari si svolge
al di fuori. E poi ci sono i singoli che sono in cerca e c'è una parte di
questa fetta di persone che non ha voglia di impegnarsi, vuole stare sin-
golo perché gli da' più libertà. E poi gli uomini hanno paura. Si sentono
forse un po' aggrediti[19] dalle donne, che ora sono più forti di prima e
hanno le loro richieste, anche da un punto di vista sessuale. E quindi
un maschio si sente spaventato.[20] A un certo punto all'uomo fa anche
comodo: chi glielo fa fare di prendersi responsabilità? Le donne spesso
non gli chiedono di prendersi la responsabilità che viene con il matrimonio. Quindi la società italiana non è più composta solo di coppie che
hanno rapporti tradizionali.

*Infatti stamattina avevo letto sul giornale che in Italia otto su dieci coniugi
– cioè mariti e mogli – tradiscono[21] durante l'estate. Mi stupisce!*
Io credo che fino ai trentacinque-quarant'anni le coppie sono abbastanza stabili. La crisi viene dopo, quando si cresce, si vogliono altre
cose e non c'è più lo spirito di sacrificio di stare insieme. Quindi verso
i quarant'anni, arrivati a metà della vita, ci si chiede cosa si fa, se si comincia una nuova vita o va bene così, e spesso se ne comincia una nuova
e si taglia con il passato: donne che lasciano i mariti oppure uomini che
cambiano lavoro; tante cose. È un momento di confusione, di sviluppo.
Facciamo parte del mondo che ci circonda, ci sono tentazioni in giro,
siamo persone umane e si fanno scelte. In fondo però penso che tutti
vogliano un rapporto di coppia fisso, ma c'è la paura di coinvolgersi,
di soffrire, star male. Io personalmente mi trovo in un giro[22] di persone
che sono singole, hanno alle spalle un matrimonio o una convivenza.
All'inizio mi facevano una grande tristezza, non volevo andare alle loro
cene e scampagnate.[23] Ma ora partecipo come osservatrice,[24] rimanendo
me stessa. Non mi coinvolgo perché non voglio assolutamente entrare
in questo stile di vita. Però sto imparando un sacco di cose sulle persone, sui caratteri. Tutte insieme sembrano superficiali, sono schive,[25]
hanno paura. Però singolarmente c'è tanta sofferenza, dolore, tanta vo-

---

[18]quello che gli piaceva, che voleva fare; [19]*harassed, attacked*; [20]ha paura; [21]non sono fedeli;
[22]una compagnia; [23]gite in campagna per divertirsi, pranzare insieme; [24]una donna che
osserva, guarda; [25]*they stay at a distance*

glia di trovare una persona, ma non lo fanno perché hanno paura. E il gruppo è misto: c'è il commerciante, la segretaria, il professore universitario, il fotomodello, l'architetto; c'è di tutto! Ma frequento anche un altro ambiente dove c'è uno stimolo intellettuale, anche un impegno; si può parlare di tutto, non c'è solo divertimento. Mi sento più a mio agio in questo senso, anche se forse c'è più formalità, più sottigliezza.[26] Forse si sta meglio con le persone più giovani, sono più tranquille, meno smaliziate,[27] sentono più speranza!

I.   *Rispondere alle seguenti domande.*

1. Quale sarebbe una caratteristica del maschio italiano?
2. Perché resta in famiglia per molto tempo?
3. Secondo Adriana, in che senso molte donne italiane sono tradizionali?
4. Perché alla donna italiana può piacere avere il figlio a casa?
5. Quale sarebbe la differenza nel rapporto che la madre ha con i figli maschi e quello che ha con le figlie femmine?
6. Come influirebbe il padre sulla formazione del figlio maschio?
7. Perché ci sarebbe attrito tra nuora e suocera?
8. Cosa vorrebbe un maschio in un rapporto con una donna?
9. Perché molte donne non sono contente di lavorare?
10. Quali sono le ragioni per cui oggi gli italiani fanno pochi figli?
11. È facile per una donna avere soddisfazioni di lavoro?
12. Quale esempio dà Adriana per illustrare che ancora non esiste un uguaglianza tra l'uomo e la donna?
13. Cosa sarebbe la 'donna che si mette i pantaloni?'
14. Quali cambiamenti ha notato Adriana nei rapporti tra donne e uomini?
15. Secondo Adriana, perché a una certa età cominciano i tradimenti?
16. Perché Adriana frequenta due ambienti diversi?

II.   *Suggerimenti per elaborazioni orali o scritte.*

A. Perché pensa che a quasi quarant'anni Adriana non si sia mai sposata? Documenti le Sue affermazioni citando e analizzando ciò che ha detto.

---

[26]*subtlety;* [27]sono meno furbe

B. Faccia un confronto tra la situazione dei maschi in Italia (il rapporto con la mamma, rimanere in casa, cominciare a lavorare relativamente tardi, ecc.) e quella che c'è nel Suo paese. Quali sono le differenze? Le somiglianze? A che cosa potrebbero essere attribuite?

C. In tutti i paesi avanzati la percentuale di divorziati è alta, e in Italia è in crescita. È d'accordo con Adriana sulle ragioni per cui i matrimoni vanno in crisi? Quali sarebbero, secondo Lei, altre ragioni? Pensa che sia bene che una coppia in crisi rimanga unita per il bene dei figli?

D. Si prepari un dibattito in classe: 'Il matrimonio non è per sempre.' Difenda il punto di vista contrario al Suo.

E. Oltre all'esempio citato da Adriana, come si manifesta la mancanza di parità tra l'uomo e la donna? Ci sarebbero soluzioni?

F. Con un compagno di classe, si prepari una scenetta da presentare in classe, considerando bene la conversazione con Adriana. Si segua questa traccia: una coppia di fidanzati – entrambi italiani trentacinquenni – discutono le regole che ognuno dovrà rispettare in un eventuale matrimonio. Lui vive a casa con la mamma vedova; lei è dirigente di una grande ditta import-export e viaggia spesso. Cosa vuole ognuno? Come risponde ognuno a ciò che l'altro vuole? Su alcuni punti è possibile un compromesso: quali, e come è il compromesso? Come decidono di risolvere le loro differenze?

III. *Esercizi.*

A. Completare la frase con la preposizione (o preposizione articolata) giusta, facendo attenzione all'uso idiomatico delle preposizioni.

1. Nadia è sposata _____ sei anni _____ Ricciotti Vallefuoco.
2. Quando Filuccio andrà _____ pranzare ___ casa, troverà un bel piatto _____ maccheroni fumanti.
3. I 'mammoni' sono abituati _____ farsi fare tutto _____ mamma.
4. Federico ieri sera ha dormito _____ nonna perché aveva litigato _____ suo padre.
5. Oggi ho fame e voglio mangiare una bella bistecca _____ griglia e patate _____ forno.
6. Cosimo è stato viziato _____ molti anni.
7. Cesarino ha continuato _____ abitare _____ appartamento _____ suoi genitori.
8. Hanno sentito _____ radio che sono aumentati i divorzi.

9. Sofronia ha detto _____ marito _____ finire _____ lavare il pavimento.
10. Il vecchio zio è nato _____ Napoli ed è venuto _____ America _____ cercare moglie.
11. Siamo partiti _____ treno _____ Milano.
12. Perché credi _____ poter aver un legame affettivo _____ quell'uomo?
13. Non ho deciso ancora _____ fidanzarmi.
14. Un bell'abito _____ sposa costa molto.
15. 'Camillo, se non scendi subito _____ quell'albero non ti do il Big Babol!'
16. ____ che ora pensi _____ uscire?

B. Scegliere la congiunzione giusta.

1. Enotrio andrà alla scampagnata con gli amici *perché / poiché / se* possa divertirsi un po' invece di stare sempre solo.
2. *Poiché / Perché / Benché* il vostro legame dura da più di dieci anni, è venuto il momento di pensare al matrimonio!
3. Furio non si vuole prendere la responsabilità che viene con il matrimonio *perché / benché / quantunque* si rifiuta di lavorare.
4. *Finché / Perché / Nonostante* la donna continuerà ad avere una vita più lunga del maschio, ci saranno sempre molte donne sole.
5. Maynard faceva quello che gli pareva *sebbene / affinché / perché* la mamma lo supplicasse sempre di cambiare le sue brutte abitudini.
6. Rosita vuole bene a Gaudenzio *benché / se / perché* lui sia molto tradizionale.
7. Noi siamo una coppia evoluta, *nonostante / ma / quantunque* io preferisco che mia moglie stia con i figli.
8. Una donna in carriera deve faticare molto *affinché / benché / se* possa affermarsi.

C. Completare le frasi con un pronome possessivo o aggettivo possessivo, includendo l'articolo determinativo se necessario.

Esempio: Avevo finito tutti i miei compiti e tu _i tuoi_.

1. Noi abbiamo le nostre idee sul matrimonio, voi _____.
2. Mi hanno chiesto di affittare il mio appartamento quando parto, perché _____ è troppo caro.
3. Gelasio e Mina mi hanno fatto conoscere _____ zio.

4. 'Dottor Cacciapuoti, è interessante che _____ moglie si rifiuti di stirarLe i calzini!'
5. 'Sono i fratelli di Romilda?' 'Sì, sono _____ fratelli.'
6. Ho lasciato a casa i miei occhiali da sole: mi puoi prestare _____?
7. Hai sposato Ludwig anche perché _____ posizioni politiche erano compatibili.
8. Conosci il babbo di Ersilia? Conosci anche _____ mamma?
9. La tua macchina è ancora dal meccanico? Ti posso prestare _____.
10. 'Signor Anatroccolo, ho il piacere di presentarLe _____ fidanzato.'

D. Al discorso indiretto, sostituire una frase con l'imperativo (attenzione alle forme negative).

Esempio: Serafina ha ordinato al marito di fare il bucato.
Serafina ha ordinato al marito: 'Fa' il bucato!'

1. Remigio ha detto ai figli di studiare per l'esame di tricologia.
2. Gelsomina ha suggerito a Peppe di non spendere troppo per la trippa.
3. Ho chiesto all'avvocato Totano di non andare dal meccanico Presutti.
4. I genitori hanno gridato ai figli di non friggere i calamari.
5. Faustina mi ha detto di finire subito.
6. Aveva ordinato alla signora Zagarolo di aprire la finestra.
7. Hanno detto al sergente Pelagatti di venire prima di mezzogiorno.
8. Leopoldo aveva detto ai suoi professori di giudicare solo le capacità intellettuali degli studenti.
9. I genitori mi hanno suggerito di cercare moglie.
10. Avete chiesto a Lucagnolo di leggere gli annunci matrimoniali.
11. La mamma ha suggerito a Piersilvio di non soffrire per Olga.
12. Avevo detto alla professoressa Zaccagnin di dare la mano al dottor De Magistris.
13. Il generale Roccasecca ha comandato ai suoi soldati di pulire i bagni.
14. Dico a Rocco di essere buono con mia cugina Mafalda.
15. Suggeriamo ai nostri invitati di cominciare a mangiare.

Nona conversazione: Renzo

RENZO fu prigioniero di guerra durante l'ultimo conflitto mondiale. Ecco come fu catturato e i suoi ricordi del campo di concentramento nazista.

SCHEDA DI CULTURA: Il fascismo in Italia.

Benito Mussolini (1883–1945) fondò i Fasci di combattimento nel 1919, organizzando i reduci[1] insoddisfatti per le condizioni della pace di Versailles, che, a loro avviso,[2] non compensavano in modo sufficiente l'Italia per i suoi sacrifici durante la Prima guerra mondiale (1915–18), anche se fu vittoriosa a fianco di Francia, Inghilterra, Stati Uniti e Russia contro la Germania e l'Austria-Ungheria. Sfruttando[3] il malumore[4] generale, Mussolini fu anche appoggiato da chi considerava i socialisti un pericolo che avrebbe potuto portare a una sanguinosa rivoluzione. Avendo organizzato la 'marcia su Roma' per dimostrare il consenso di cui godeva,[5] Mussolini nel 1922 convinse il re Vittorio Emanuele III a dargli il potere. Il regime totalitario fascista subito eliminò ogni opposizione e iniziò una politica estera aggressiva mirata[6] alla conquista di colonie (Etiopia, Somalia, Libia, Albania), vanto[7] e prestigio delle grandi potenze mondiali. L'entrata nella Seconda guerra mondiale al fianco della Germania nazista si rivelò subito una tragica scelta. L'invasione della Grecia (1940) si arenò[8] e l'esercito italiano, aiutato dai tedeschi, si ritirò; la campagna in nord Africa (1941–42) segnò un altro disastro, seguito subito dalla sofferta sconfitta in Russia. Gli insuccessi militari portarono alla caduta del regime fascista e all'arresto di Mussolini (25 luglio 1943). Liberato dai tedeschi, Mussolini continuò a resistere nel nord dell'Italia fino alla liberazione il 25 aprile 1945, e alla sua morte subito dopo. Gli italiani che non scelsero di seguire Mussolini dopo la caduta del regime erano considerati nemici dai tedeschi e dai fascisti. Molti vennero arrestati e deportati nei campi di concentramento, o costretti a lavori forzati in Germania.

---

[1]soldato che ha combattuto in una guerra; [2]nella loro opinione; [3]sfruttare = *to take advantage of*; [4]*malcontent*; [5]*enjoyed*; [6]*mirare* = *to aim*; [7]*pride*; [8]*arenarsi* = *to run aground*

Allo scoppio della Seconda guerra mondiale Lei era di servizio presso l'amba-
sciata d'Italia a Berlino ...
Sì, ero sergente di cavalleria, richiamato nel '40. Prima lavoravo in
un'attività commerciale con mio padre.

Sembra strano parlare di cavalleria all'inizio della seconda guerra mondiale ...
Oggi sì, davvero. All'epoca la cavalleria veniva usata in sostegno[9] della
fanteria;[10] c'era la famosa e tragica carica della cavalleria italiana sul
fronte del Don[11] durante la campagna russa nel 1941–2.

Quindi come è stato scelto per andare all'ambasciata italiana a Berlino?
Venivamo scelti anche in base alle nostre capacità fisiche. Io ero basso;
forse andavo meglio all'ambasciata! Io non so perché sono capitato[12] in
cavalleria: non ho fatto certamente domanda! Le mie attività a quell'
epoca erano sui monti: avevo fatto molte gare di sci, arrampicate e sca-
late;[13] quindi la mia vocazione erano gli alpini.[14] Non chiesi però di andare negli alpini. C'era la guerra, ognuno va dove va: era il destino che
ti portava.

C'erano delle qualifiche particolari per servire all'ambasciata?
Sono dovuto andare a Roma e mi hanno fatto un esame di tedesco,
qualcosa d'inglese e di francese. Avevo praticato molto queste lingue
straniere nell'attività commerciale con mio padre. Il tedesco l'avevo
studiato ed ero stato anche in Germania per due anni. Il tedesco, con la
simpatia per la Germania, era diventata la lingua base dopo il francese.
Per l'inglese non c'era molta simpatia a causa delle sanzioni[15] e tutto il
resto.

Lei come sentiva questa fratellanza italo-tedesca tra l'Italia di Mussolini e la
Germania di Hitler?
Nel modo più assoluto per me non c'era. Non c'era perché – ad esempio
– mio padre aveva fatto la guerra vent'anni prima contro i tedeschi:
come facevo io a dire: 'bene bravo, vado con loro?' A combatter chi, i
francesi, che non ci avevan mai fatto nulla? Ti dirò di più, che all'epoca
dei 'chiarimenti,' cioè poco prima di entrare nella guerra, noi forni-
vamo coperte, polvere da sparo,[16] forse anche cannoni alla Francia che

---

[9]*support*; [10]soldati a piedi; [11]fiume in Russia; [12]arrivato per caso; [13]salire sulla parte più ri-
pida e difficile di una montagna dove non si possono costruire strade; [14]truppe speciali,
originalmente per le montagne; [15]Le sanzioni economiche furono promosse dalla Società
delle nazioni contro l'Italia per punire l'invasione dell'Etiopia nel 1935; [16]*gunpowder*

combatteva contro la Germania. E ci fu un certo discorso del Duce che disse: 'È ben chiaro che se noi faremo la guerra, la faremo a fianco della Germania.' Lo dovette – in un certo senso – non dico chiarire, ma puntualizzare. Un giornale comico nostro qualche mese prima dell'inizio della guerra pubblicava ancora vignette critiche, ridicole sui tedeschi, il loro modo militare, le loro abitudini.

Comunque ho dei giornali italiani dell'epoca in cui ci sono vignette propagandistiche soprattutto contro gli inglesi e in cui si esalta la forza militare del fascismo ...
Quaranta milioni di baionette!

Sì, infatti! Lei come sentiva personalmente questa propaganda?
Nel primo periodo, quello più crudo e duro, non la sentii molto perché andando alle scuole cattoliche si sentiva poco in quanto i preti non avevano molta simpatia con l'andare il sabato a scuola con la camicia nera – furono gli ultimi ad accettare questa cosa – e a scuola non si parlava assolutamente di niente. Però era naturale credere che i russi vivevano in capanne[17] a Mosca insieme agli orsi, che l'Africa era tutta un tucul.[18] Non ricordo se si parlasse molto dell'Inghilterra e dell'America anche perché c'erano i vari piloti che andarono in America e che l'America decantò: il famoso volo di Balbo;[19] bisognava riconoscere che ci avevano fatto credere che eravamo qualcuno.

Mi parli dell'ambasciata a Berlino.
Ci arrivai – come ho detto – dopo questa specie di esame. Cercavano personale; era un posto importante. Forse i rischi erano i maggiori della guerra perché a Berlino, notte e giorno, bombe, è chiaro. Mio padre era fierissimo del mio stazionamento all'ambasciata. Eravamo in civile, niente in militare; tutto il personale dell'ambasciata era in civile. Era un interessantissimo lavoro: io dovevo leggere i giornali ogni giorno per preparare le notizie, specialmente la parte politica, la guerra; ma le notizie erano tutte false, sia le nostre che quelle tedesche. Lo sapevo perché nell'ambiente se ne parlava. Un esempio: in Italia mettevano tre bollettini di guerra: uno vero, uno falso e uno per i tedeschi. Ma i tedeschi li avevan tutt'e tre perché per comunicare con il ministero della Guerra italiano noi usavamo la rete[20] dei tedeschi. Quindi le notizie le ricevevano prima loro e poi le passavano al ministero degli Esteri ita-

---

[17]*shacks*; [18]sorta di abitazione primitiva; [19]Italo Balbo, aviatore italiano che con una squadriglia di aerei attraversò l'Atlantico atterrando a Chicago; [20]*communications network*

liano: più controllati di così non potevamo esserlo. Siccome le notizie
che noi trasmettevamo sapevamo che passavano tramite loro, non potevano essere sincere. Le notizie nei giornali erano false e lo sapevo dai
bollettini che ricevevo io. Durante la disastrosa campagna in Russia i
giornali raccontavano un sacco di balle.[21] Noi tutti avevamo timore di
come stessero andando le cose, ma la popolazione non sapeva. Però all'
inizio, su quaranta milioni d'italiani, io ero forse l'unico a credere che si
potesse vincere la guerra.

Come vi trattavano i tedeschi?
Molto bene, avevamo una tessera[22] che ci dava diritto al caffè, alle sigarette, tant'altre cose. Però tutto cambiò in un giorno perché il 25 luglio
ci fu il Gran consiglio che votò contro Mussolini e quel giorno doveva
venire un nuovo ambasciatore e questo ambasciatore dal 25 luglio all'
otto settembre non si fece vedere. Non occorreva più una rappresentanza: non c'era riconoscimento da parte della Germania del governo
italiano di Badoglio.[23] Poi l'otto di settembre, una bella mattina arrivati
all'ambasciata, ci fu detto: 'Chi vuol rimanere rimane uguale fascista;
chi vuole andare a casa prenda il treno.' Io presi il treno. Il motivo era
semplice: i miei fratelli erano tutti dall'altra parte – uno prese anche una
medaglia d'argento[24] contro i tedeschi – non erano più sotto il governo
fascista; erano liberati. Quindi la domanda era questa: 'Credi nella vit-
toria nella guerra?' Se la risposta era 'sì,' rimanevi fascista. Io pensavo
che la guerra sarebbe finita con una resa,[25] non immaginavo affatto che
sarebbe finita per l'atomica. Tutto è venuto dalla fame della Germania
e del fatto che la Germania non ce la faceva più. Io mi sentivo già prigioniero sperando che la guerra finisse il giorno dopo. All'ambasciata
a Berlino avevo capito che tutto questo avanzare dei tedeschi in Russia
era tutta una falsità.

Quindi dopo l'armistizio aveva scelto il treno ...
Presi il treno per rientrare in Italia e quello fu la fine perché il treno
dei diplomatici doveva andare fino a Verona e a Verona dovevano essere scambiati i tedeschi che erano all'ambasciata a Roma con noi che
eravamo a Berlino. A Verona non ci arrivammo mai; arrivammo solo

---

[21]volgare per indicare cose non vere; bugie; [22]carta d'identità; [23]Pietro Badoglio, mare-
sciallo dell'esercito italiano che fu capo del governo che firmò la resa con gli Alleati.
Mussolini, aiutato dai tedeschi, si rifugiò nel nord dell'Italia dove resistette con un
gruppo di fascisti irriducibili creando la Repubblica Sociale italiana; [24]L'onorificenza militare più alta era la medaglia d'oro; la seconda era la medaglia d'argento; [25]*surrender*

a Monaco.[26] Da Monaco ci portarono in un paesino vicino e poi in un campo di concentramento, dicendoci che era un semplice controllo, e ci siamo stati diciannove mesi. È successo che fermarono il treno e chiusero gli sportelli. Il primo giorno ci furono i militari; il secondo giorno le SS; il terzo giorno le SS e i cani. E poi ci diedero ognuno un cucchiaio: questo significava essere prigionieri, simbolo di 'qui ci mangi, qui ci stai.' Si sa che è per roba leggera, perché con il cucchiaio la carne non la mangi. Una volta fermato il treno andarono da una segretaria e le chiesero i nomi dei militari: una trentina. Quindi misero i militari da una parte e i civili – una cinquantina – dall'altra. I civili proseguirono in treno; tornarono a casa e non ci furono problemi. I militari li misero su un altro treno e poi al campo, dove per ironia della sorte sopra al portone principale c'era intagliato nel legno – come fanno nel Tirolo – 'verso Berlino' su una freccia che indicava l'ingresso del campo. Vidi poi tanti prigionieri stracciati,[27] vestiti male. Prima di andare nel campo ti chiedevano se volevi venire con la Repubblica Sociale,[28] cioè con i fascisti: tra gli ufficiali alcuni andarono, tra i soldati quasi nessuno. Io non ci pensai nemmeno a restare; preferivo andare prigioniero nel campo.

E dopo?
Dopo ci misero in baracche.[29] Ci spogliarono di tutto, anche delle stellette[30] perché le stellette erano il simbolo del militare, e si diventava un numero. Fecero baracche per ogni nazionalità. Noi eravamo l'unica baracca di italiani ma non eravamo solo noi, perché lì arrivarono italiani addirittura dalla Grecia, da Rodi; anche dall'Italia – molti civili dall'Italia – presi a Napoli per la strada, per cominciare: quelli che i tedeschi rastrellavano[31] per portarli a lavorare in Germania. Avevano diciassette-diciotto anni fino a quaranta-cinquanta, cioè l'età lavorativa.

Che vita si faceva nel campo?
Sveglia alle sei, tutti per cinque, a contarci. Poi ci davano una specie di tè – acqua di tiglio[32] – e poi ognuno faceva nel modo migliore per passare il tempo. Chi si rammendava la calza, altri giocavano a carte. Non c'era niente da fare, non c'era un'attività vera e propria, a meno che uno non andasse a lavorare fuori. Io facevo l'interprete soprattutto per l'ospedale del campo. Il novanta per cento non stava inattivo: o

---

[26]*Munich*; [27]*ragged*; [28]Così veniva chiamata da Mussolini la parte nord dell'Italia rimasta sotto il controllo nazifascista (vedi nota 23); [29]*shacks*; [30]piccole stelle; [31]*rounded up*; [32]pianta aromatica

andava a raccogliere le macerie[33] a Monaco o lavorava da contadino perché mancavano gli uomini per lavorare la terra.

Aveva detto che c'erano altre nazionalità ...
Sì, tredici nazionalità; di queste cinque o sei avevano uniformi inglesi: erano greci, indiani, sudafricani, australiani; tutti che combattevano per l'Inghilterra.

Nei film di guerra si vedono sempre tentativi di fuga[34] da campi di prigionia. Ce ne sono stati?
Per carità! Quando si vedono questi film americani in cui i prigionieri scavano gallerie per uscire di fuori: sono tutte balle! In verità, per uscire da un campo di concentramento militare – io non conosco gli altri – bastava dire a un francese: 'Mi presti il berretto per piacere?' Quello ti prestava il berretto, tu arrivavi sulla porta e facevi: *'sanitaire'* che in francese significa sanitario. E uscivi, uscivi dal campo! Dopo non andavi lontano, perché nella prima strada se avevi i pantaloni le donne ti segnavano. Al primo crocevia c'erano le sentinelle con i cani lupo: dove andavi? Quando vedo il bluff degli ufficiali che arrivano alle stazioni, li controllano, hanno tutti i documenti falsi contraffatti: tutte fesserie.[35] Dal mio campo fuggirono solo due inglesi preparatissimi. Perché: comprarono per poche sigarette dei vestiti civili che noi avevamo ancora dall'ambasciata. Si vestirono con quei vestiti, uscirono fuori dalla porta principale; niente gallerie: sono fesserie! Nessuno è uscito dalle gallerie; non c'è verso![36] Però era molto facile fare le gallerie, come pure la radiolina per sentire radio Londra, ma non potevi trasmettere. C'era la resistenza passiva – sai cosa vuol dire? non lavorare! Uno stava ammalato o prendeva la saliva da un soldato russo tubercolotico e andava a sputare all'esame medico per farsi passare da tubercolotico; tanto non prendevi la tisi:[37] prendendo la saliva non c'era verso. Questa era resistenza passiva. Io personalmente ho assistito al momento della liberazione dagli americani: il famoso generale Patton[38] – io mi dovrei alzare ogni volta che lo rammento perché mi ha liberato lui. Faceva la guerra all'americana: due giorni a sparare, poi arrivarono: 'Sono andati via tutti i tedeschi?' Avevano i mezzi per farlo: per fare un carro armato ci mettevano cinque minuti; una politica molto giusta, molto saggia. Quando arrivarono gli americani, all'indomani gli americani prigio-

---

[33]*rubble from bombings*; [34]*escape*; [35]fesserie = balle; [36]non c'è verso = non è possibile; [37]tubercolosi; [38]George S. Patton (1885-1945), generale americano che ha partecipato alla liberazione della Sicilia (luglio-agosto 1943) e poi della Francia (1944–45).

nieri tutti con la polverina disinfettante, sugli aerei, e se ne andarono.
I francesi tre giorni dopo; noi tre mesi dopo. I russi rimasero lì perché
nessuno tornò a prenderli. Gli altri se ne andarono via tutti, ma non ci
furono esplosioni di gioia nè niente. Ebbi ragione io quando un francese venne da me a braccia aperte a dirmi: 'È finita!' Non è finita: la fe-
licità non è quella che si ottiene quando la si desidera. Quello che c'era
di bello durante la prigionia era che tutte le serate eravamo tutti amici
tutti nella miseria.

Come erano i rapporti con gli altri prigionieri?
Buoni. I russi, ad esempio, non ci vedevano come ex nemici. Ricordo
che una volta mi fece tantissimo effetto parlare con un pilota americano
prigioniero che mi disse: 'Da dove vieni?' e io gli dissi: 'Firenze,' e lui
che aveva bombardato Firenze rimase molto male. Mi rimane in mente
l'espressione di questo ragazzo che aveva il grande timore di avere am-
mazzato alcuni di noi. Nessuno ce l'aveva con noi che eravamo stati
dall'altra parte. Forse gli unici che ce l'avevano un po' con noi erano i
francesi, ed avevano ragione perché noi avevamo dichiarato guerra alla
Francia il nove di giugno e il 17 eravamo sul confine a combattere ma
già i tedeschi erano su Parigi. Quindi arrivare e dare un colpo quando
avevano già perso non era stata una cosa bella da parte nostra.

Che rapporto aveva con gli americani?
Gli americani sono il mondo! Vedevi l'americano di origine polacca che
fraternizzava con i polacchi, oppure con l'americano del Texas, e si dicevano: 'Io nell'Ohio ho questo!' e: 'Io nel Texas ho questo e quest'altro!' e poi dopo dieci minuti per dimostrare che l'Ohio era più forte del
Texas facevano a cazzotti.[39] Gli unici in prigionia a ricordarsi di fare del
campanilismo[40] erano gli americani. Non per difenderli, ma ricordo che
i russi erano solo russi, anche se c'era chi veniva da Vladivostok, cioè
lontanissimo. C'era questo gruppetto di venti ragazzi russi prigionieri
a bocca aperta a sentire un ragazzo americano con la mamma e il padre
russi che gli raccontava i libri di Zane Grey,[41] di Jack London,[42] in russo,
che sembrava lui parlasse molto bene: un bravo ragazzo. In ogni modo
il mio rapporto era anche di uno che serve l'altro: io ero utile a loro perché facevo l'interprete con il medico tedesco all'ospedale del campo.

---

[39]*came to blows*; [40]*narrow-mindedly partisan to their birthplace*; [41]Zane Grey (1872-1939),
scrittore americano di popolari romanzi western; [42]Jack London (pseudonimo di John
Griffith, 1876-1916), scrittore americano di romanzi (*The Call of the Wild, White Fang*)

Dunque si curavano i prigionieri malati?
In generale il medico tedesco cercava di fare l'interesse dei nostri pazienti. Sembrava fosse anche interessato in casi particolari. Ricordo una volta disse: 'Siete pregati di presentare casi di problemi di medicina che poi nella vita non vi succederanno più, come malattie della pelle, carenze[43] di vitamine, ferite particolari di armi da fuoco.' L'ospedale sembrava un ospedale normale ma i medicinali erano pochi: c'erano quelli per andare più spesso al gabinetto e quelli per non andarci. Le uniche cure che venivano seguite erano per le malattie veneree.

Mi aveva detto di aver conservato molti indirizzi di prigionieri americani.
Sì, nel campo dopo che si parlava un po' si scambiavano indirizzi pensando: 'Non si sa mai nella vita.' Io il mio foglio con indirizzi non l'ho perso. Da qualcuno ho anche ricevuto qualche lettera. C'è poi la storia dell'orologio.

Quale orologio?
Quest'orologio: ecco il famoso orologio! L'ho tenuto fino al giorno in cui avevo pensato di riunire una parte dei prigionieri di questo campo. Che cosa è successo: l'ho avuto perché un prigioniero americano l'aveva scambiato con me per viveri, cose da mangiare. Quando i piloti catturati in Italia arrivavano nel campo, non è che i tedeschi arrivassero subito dopo con il pacchetto della Croce rossa. Aspettavano un giorno o due, anche per cercare di avere altre notizie, delle informazioni: la speranza c'era sempre. Però sapevano già tutto perché avevano spie ovunque: in Italia specialmente, nessuno poteva nascondere niente ai tedeschi. Ti dico come avvenivano questi scambi. Allora, c'era il campo principale; poi c'erano dei piccoli campi dove ci mandavano i nuovi arrivati, quelli che non dovevano mangiare o dovevano fare un'attesa prima di entrare nel campo. Quelli erano di là, noi eravamo di qua. Tutti ricevevano pacchetti dalla Croce rossa, ma gli italiani stavano peggio in quanto non c'era lo stato di guerra tra l'Italia e la Germania, ancora c'era la Repubblica Sociale. Quindi la Croce rossa diceva: 'Come si fa ad aiutare voi?' Arrivava qualche cartolina, qualche pacchetto che ci mandava il Duce – cioè la Repubblica Sociale – per misericordia, ogni tanto pastasciutta. Un francese fece: 'Come? Mangi la pastasciutta che ti manda Mussolini?' E io: 'Ho fame, dentro è buio e non so chi me la manda.' Quindi non essendoci questo accordo tra i due, per noi la Croce rossa non

---

[43]*deficiencies*

esisteva. Tanto più che sulla schiena tutti i prigionieri avevano scritto KGS, che vuol dire prigionieri di guerra; noi invece avevamo scritto, IMI; cioè internato militare italiano. Questo non era per riguardo; era per differenziare la posizione tra quelli che erano stati belligeranti con le armi in pugno e noi che ci eravamo arresi. Per ritornare all'orologio: in fondo all'angolo del campo c'era una di quelle torri su cui ci sono due o tre sentinelle armate e il riflettore che ti guardava ogni tanto in terra se si usciva per lavorare o ci si avvicinava al reticolato.[44] E tra i due reticolati c'era filo spinato[45] messo arrotolato. Che cosa succedeva: i prigionieri americani erano dall'altra parte e avevano fame perché i primi due o tre giorni non gli davano niente; li facevano stare un po' male in quarantena per far capire anche che erano prigionieri. Quindi dall'altra parte questi americani ci facevano segno che avrebbero scambiato oggetti che avevano per del cibo. E quindi lanciavano, chi un anello, chi un orologio e noi lanciavamo quello che c'era nei pacchetti che ci mandava il Duce. L'orologio l'ho tenuto anche per ricordo; poi mi è venuto in mente di cercare di organizzare questo raduno,[46] ma in seguito era diventato impossibile perché eravamo pochissimi. Avevo scritto a tutti quelli di cui avevo l'indirizzo – 65 – ma molte lettere mi sono ritornate perché si vede che dopo cinquant'anni avevano cambiato indirizzo e se n'era persa traccia. Con gli italiani mi sono sentito, ci siamo visti; ora penso siano morti quasi tutti. Agli americani ho spedito questa lettera in cui dicevo che mi sarebbe piaciuto rendere l'orologio al proprietario dopo tutti questi anni, e quindi feci la fotografia dell'orologio e ne feci una descrizione. Queste sono le risposte, e penso di aver trovato il proprietario. Quindi intendo rispedirglielo. O meglio ancora, incontrarlo a New York per darglielo personalmente.

I.   *Rispondere alle seguenti domande.*

1.   Cosa faceva Renzo allo scoppio della Seconda guerra mondiale?
2.   Come fu scelto? Aveva delle qualifiche particolari?
3.   Perché, anche se erano alleati, non sentiva una fratellanza con i tedeschi?
4.   Perché non sentì molta propaganda fascista quando era a scuola? Quali esempi di propaganda fascista vengono menzionati da Renzo?

---

[44]*wire fence*; [45]*barbed wire*; [46]*reunion*

5. Cosa pensarono gli americani del volo di Balbo?
6. Cosa faceva Renzo all'ambasciata a Berlino?
7. Perché tutte le notizie erano false?
8. Perché un giorno cambiò il modo in cui venivavo trattati dai tedeschi gli italiani dell'ambasciata?
9. Perché scelse di prendere il treno?
10. Cos'è successo quando il suo treno arrivò a Monaco?
11. Da dove venivano gli altri italiani che erano nella sua baracca?
12. Com'era la vita nel campo? Cosa faceva Renzo?
13. Cosa pensa dei tentativi di fuga dai campi che si vedono nei film?
14. Secondo Renzo, era facile uscire dal campo? E fuggire?
15. Come si faceva la resistenza passiva?
16. Cosa è successo ai prigionieri quando fu liberato il campo?
17. Andavano abbastanza d'accordo i prigionieri? Perché i francesi forse ce l'avevano un po' con gli italiani?
18. Quali sono i suoi ricordi dei prigionieri americani?
19. Com'erano le cure mediche nell'ospedale del campo?
20. Perché gli italiani non ricevevano i pacchetti della Croce rossa?
21. Qual è la storia dell'orologio?

II. *Suggerimenti per elaborazioni orali o scritte.*

A. Citi dalla conversazione con Renzo i punti che confermano quanto Lei già sa del fascismo e dell'esperienza italiana prima e durante la Seconda guerra mondiale. Ci sono delle informazioni che Le sono nuove, o contrastano con quello che aveva imparato?
B. Della propaganda fascista e nazista Renzo dice: 'Un sacco di balle.' Secondo Lei, qual è lo scopo (o gli scopi) della propaganda politica? Puo dare degli esempi di propaganda di regimi che controllavano le informazioni? Puo citare degli esempi di propaganda politica nel Suo paese? Dove erano le inesattezze, secondo Lei?
C. Scelga una delle esperienze narrate da Renzo ed elabori una narrazione della 'scena' con dialoghi e personaggi ben delineati. Usi i tempi passati e almeno cinque esempi di congiunzioni che reggono il congiuntivo.
D. Narri di un rapporto con un'altra persona che è cominciato male ma poi si è sviluppato in una buon'amicizia. Metta a fuoco la ragione per cui il rapporto è cambiato. Usi i tempi passati e almeno cinque esempi di congiunzioni che reggono il congiuntivo.
E. Con un compagno di classe, si prepari una scenetta da presen-

tare in classe, considerando bene la conversazione con Renzo. Si segua questa traccia: dopo tanti anni Renzo finalmente incontra di nuovo Homer, il militare americano che è forse il proprietario dell'orologio. (Homer parla benissimo l'italiano avendo conseguito il dottorato in italiano dopo la guerra.) I due all'inizio sono un pochino imbarazzati, non sapendo come si concluderà l'incontro. Quali domande fa Renzo per assicurarsi che sono stati insieme allo stesso campo di concentramento? Come risponde Homer per convincere Renzo che erano stati insieme nel campo, allo stesso tempo? Come cerca Renzo di stabilire se Homer è veramente il proprietario dell'orologio? Qual è la reazione di Renzo e Homer quando capiscono che quello non è l'orologio di Homer?

III. Esercizi.

A. Confrontare questi due periodi:

Entrando in cucina l'avvocato Scalogno ha detto: 'Vorrei mangiare subito.'
Entrando in cucina l'avvocato Scalogno ha detto che avrebbe voluto mangiare subito.

La prima frase è un esempio di *discorso diretto*, cioè la riproduzione esatta di quel che è stato detto dal narratore o da altri. La seconda frase, invece, è un esempio di *discorso indiretto*, in cui le parole proprie o di altri vengono riformulate ed espresse in una proposizione subordinata introdotta da *che* e dipendente da un verbo di comunicazione, come *dire, domandare, rispondere*, ecc. Per passare dal discorso diretto al discorso indiretto, bisogna fare alcune modifiche nei verbi.

Quando il verbo reggente è al passato (*ha detto, domandò, aveva risposto*):

a. I verbi di prima e seconda persona diventano di terza persona: Consalvo ha detto: '*Io vengo* in Italia a settembre.' Consalvo ha detto che *lui sarebbe venuto* in Italia a settembre.'
b. Il modo del verbo di una *proposizione imperativa* diventa *congiuntivo imperfetto*: Il maggiore comandò al caporale: '*Faccia* il letto!' Il maggiore comandò al caporale che *facesse* il letto.

Si può anche usare l'infinito del verbo preceduto dalla preposizione *di*: Il maggiore comandò al caporale *di fare* il letto.

c. Nella *proposizione interrogativa* il *passato prossimo* diventa *piuccheperfetto del congiuntivo*. In questo caso si usa *se* invece di *che*: Osvaldo chiese: '*Avete finito* i compiti?' Osvaldo chiese *se avessero finito* i compiti. Bisogna inoltre sostituire il punto interrogativo della proposizione interrogativa con il punto.

d. Il *presente* diventa *imperfetto*: L'ingegner Fasolara ha detto: 'Ti *presento* un mio vecchio amico.' L'ingegner Fasolara ha detto che gli *presentava* un suo vecchio amico. N.B.: In quest'esempio la persona che riferisce ciò che ha detto l'ingegner Fasolara può anche essere la persona a cui si rivolgeva l'ingegner Fasolara con il pronome *ti*. Se così, si usa un pronome di prima persona nel discorso indiretto: L'ingegner Fasolara da detto che *mi* presentava un suo vecchio amico.

f. Il *passato prossimo* e il *passato remoto* diventano piuccheperfetto (trapassato prossimo): Petronio *dichiarò*: '*Sono fuggito* dalla prigione.' Petronio *dichiarò* che *era fuggito* dalla prigione. Se il soggetto è lo stesso, di solito si usa la preposizione *di* + infinito: Petronio dichiaro *di essere fuggito* dalla prigione.

g. Il *futuro* e il *condizionale presente* diventano *condizionale passato*: Pierpaolo *ha risposto*: '*Vengo* domani.' Pierpaolo *ha risposto* che *sarebbe venuto* il giorno dopo.

Se il verbo reggente è al presente indicativo (Luigi *dice*, Elsa *esclama*) i verbi rimangono allo stesso modo e tempo del discorso diretto (sempre cambiando dalla prima e seconda persona alla terza persona), eccetto l'imperativo, che diventa congiuntivo presente (o infinito presente preceduto da *di*): Edmondo urla: 'Blitz, prendi la palla!' Edmondo urla che Blitz prenda la palla. Edmondo urla a Blitz di prendere la palla.

Nel passaggio dal discorso diretto al discorso indiretto, bisogna anche cambiare la punteggiatura:

h. Si eliminano le virgolette e, nelle domande, il punto interrogativo: Il sergente DeCapris ha chiesto: 'Chi ha rotto il bicchiere?' Il sergente DeCapris ha chiesto chi avesse rotto il bicchiere.

Per i pronomi e aggettivi pronominali:

i. Il pronome e aggettivo dimostrativo *questo* diventa *quello*: Marcantonio ha detto: 'Voglio *quest'*orologio cinese.' Marcantonio ha detto che voleva *quell'*orologio cinese.

j. I *pronomi personali* di *prima* e *seconda* persona diventano di *terza* persona: Ho domandato a Olaf: 'Vieni anche *tu* alla mensa?' Ho domandato a Olaf se veniva anche *lui* alla mensa.

k. I *pronomi* e gli *aggettivi possessivi* di *prima* e di *seconda* persona diventano di *terza* persona: Ciriaco ha detto alla signora Roccesi: '*Mia* madre è al mercato.' Ciriaco ha detto alla signora Roccesi che *sua* madre era al mercato.

l. Gli avverbi di tempo e di luogo rimangono invariati se il verbo reggente è al presente: Il generale *dice*: '*Oggi* pulirete i bagni.' Il generale *dice* che *oggi* puliranno i bagni.
Se il verbo reggente è al passato, *ora* diventa *allora*, *oggi* diventa *quel giorno*, *ieri* diventa *il giorno prima*, *domani* diventa *il giorno dopo*, e *qui*, *qua* diventano *lì*, *là*: Il generale *disse*: '*Oggi* pulirete i bagni.' Il generale *disse* che *quel giorno* avrebbero pulito i bagni.

B. Riscrivere i periodi passando dal discorso diretto al discorso indiretto:

1. Il dottor Stanatopulo ha promesso a Fathma: 'Domani verrò a trovarti.'
2. Agata chiede alla mamma: 'Posso uscire con Vito?'
3. Il generale Piromalli ha ordinato ai soldati: 'Mettete via i vostri fucili e andate a dormire!'
4. Il cuoco informò gli ospiti: 'Ho preparato per voi una torta allo zabaglione.'
5. Lattanzio ha detto ai genitori: 'Ora ho deciso, mi iscriverò alla facoltà di scienze ambientali.'
6. Il mio amico ha annunciato: 'Devo andare perché è tardi.'
7. Quando Veronica ha telefonato, Giuseppina le ha chiesto: 'A che ora verrai?'
8. Il professore raccomanda agli studenti: 'Quando fate il tema, non copiate i vostri appunti!'
9. Il colonnello Schultz comandò alla truppa: 'Rientrate subito nella torre!'
10. Mariotto ha chiesto: 'Chi ha portato queste salsicce calabresi?'

C. Riscrivere i periodi passando dal discorso indiretto al discorso diretto, facendo attenzione alle modifiche necessarie:

1. Il sergente Gisolfi rispose che aveva detto tutta la verità e che non aveva nascosto nulla al capitano Pezzogna.
2. Drusilla dice che i suoi amici sono arrivati da Pompei.
3. Il professor DeLiria chiese chi avesse visto il film quel giorno.
4. Ippolito rispose che aveva già fatto colazione.
5. La zia Gregoria disse a Laura che poteva pulire i calamari.
6. Il capostazione informò i passeggeri che il treno da Marrakesh viaggiava con due ore di ritardo.
7. Gli ho detto che il giorno dopo sarei tornato a mezzanotte.
8. Il piccolo Leonida chiede che gli diano il suo pallone.
9. Casimiro aveva detto che era già stato lì il giorno prima.
10. Gli ho chiesto se avesse speso molto nel viaggio in Moldavia.

D. Scrivere quattro periodi al discorso diretto da scambiare in classe con un altro studente che li trasformerà al discorso indiretto. Si usi questa formula: nome + verbo di comunicazione al presente o al passato: 'nome + verbo (4 tempi o modi diversi).'

Esempi: Giorgio (nome) ha detto (verbo di comunicazione al passato): 'Maria (nome), preparami (verbo all'imperativo) un panino con il formaggio.'
Il dottor Deruta (nome) dichiara (verbo di comunicazione al presente) Pino e Fred (nomi), dovete (verbo al presente indicativo) calmarvi.'

Decima conversazione: Rita

RITA, professoressa di liceo napoletana, racconta la sua vita a contatto con la politica del Partito comunista italiano e di un'evoluzione reciproca maturata sia con il passare degli anni che con i cambiamenti nel mondo e in Italia.

SCHEDA DI CULTURA: Il comunismo in Italia.

Il Partito comunista italiano fu fondato nel 1921 da un gruppo uscito dal Partito socialista con a capo Antonio Gramsci[1] e Amedeo Bordiga.[2] Una volta che il regime fascista prese il potere, il Partito comunista fu dichiarato illegale (1926) e molti dei suoi capi furono imprigionati (Gramsci morì in prigione). Sotto la guida (in esilio) di Palmiro Togliatti,[3] i comunisti lottarono contro il fascismo ed ebbero un ruolo importante nella liberazione dell'Italia (1945). Avendo partecipato ai primi governi democratici dopo la guerra, nel 1948 il Partito comunista venne estromesso[4] dal governo, svolgendo in seguito[5] il ruolo di maggiore partito di opposizione. Negli anni Cinquanta il Partito comunista italiano rivendicò la sua indipendenza dalla politica del Partito comunista sovietico, e aderì a principi democratici, rinunciando così alla strategia della rivoluzione. Con il passare degli anni, il Pci si spostò sempre di più verso il centro (riflesso anche di una società più prospera), e nel 1991 diventò il Partito democratico della sinistra (ora solo Democratici di sinistra), abbandonando per sempre la falce e il martello,[6] vecchio simbolo del comunismo mondiale. La politica più centrista (ma sempre di sinistra) dei Democratici di sinistra hanno portato gli eredi dei comunisti al governo (1996–2001), ed oggi sono il partito più importante nella coalizione (l'Ulivo) che si oppone alla coalizione di governo di destra (la Casa delle libertà).[7]

---

[1]Vedere nota nel capitolo terzo; [2]Amedeo Bordiga (1889–1970), primo segretario del Partito comunista (1921–23), fu in seguito espulso dal partito; [3]Palmiro Togliatti (1893–1964), segretario del Partito comunista (1927–64), determinò l'autonomia del PCI rispetto alla politica del Partito comunista sovietico; [4]non partecipa più; [5]dopo; [6]*sickle and hammer;* [7]la coalizione con a capo Silvio Berlusconi, che comprende Forza Italia, Alleanza nazionale, la Lega , e i conservatori cattolici

Da quando ti conosco sei sempre stata partecipe nella politica e la segui con impegno.[8] Come hai cominciato ad appassionarti?
Quando ero molto giovane e studiavo filosofia a scuola, mio fratello era iscritto al Partito comunista. Poi lui ha cominciato a darmi libri che mi interessavano e li leggevo, sia pure in maniera infantile.

C'è un passato di attivismo politico nella tua famiglia?
Nella mia casa in realtà no, perché mio padre non è mai stato iscritto al Partito fascista. Credo che sia stato l'unico tra gli italiani a non essere iscritto! All'inizio della guerra era convinto che l'avremmo persa, mentre tutti pensavano che l'avremmo vinta.

Tuo fratello come ha cominciato?
Mio fratello, che aveva dieci anni più di me, ha cominciato a frequentare le sedi del Partito comunista nel '43–44 quand'era all'università; poi si è iscritto.

E ti passava delle letture ...
Più che altro mi passava dei testi che avevano attinenza[9] con quello che facevo a scuola – la filosofia – e su quello poi dopo discutevamo; c'erano anche articoli di giornali che lui mi faceva leggere. In realtà, non ho fatto militanza vera e propria nel partito, perché la mia scelta – quella per una donna nel 1959–60 di andare a vivere con un uomo che era soltanto separato e con due figli – era già una scelta politica in sè, una grossa scelta politica. Diciamo che oggi sembra una cosa da niente, ma all'epoca era molto.

Specialmente in un'Italia cattolica ...
In Italia in particolare. Non dobbiamo dimenticarci, per esempio, che la cosiddetta 'dama bianca' di Coppi[10] finì in prigione. Poi il mio futuro marito era interessato anche lui alla politica, veniva dal Partito socialista che all'epoca era vicinissimo ai comunisti. In seguito mi sono molto coinvolta nelle grandi battaglie di liberazione, prima di tutto il divorzio, nella quale ho procluso molta energia.

Parlami un po' di questa tua partecipazione.
Tanto per cominciare, c'erano delle manifestazioni oceaniche con Pan-

---

[8]in modo concreto, con partecipazione attiva; [9]*relevance*; [10]Fausto Coppi (1919–60) è stato il più importante campione di ciclismo della sua generazione. 'La dama bianca': così veniva chiamata dai giornalisti l'amante del campione.

nella[11] e Loris Fortuna – che all'epoca era un grande parlamentare socialista – per avere il divorzio. Poi una volta passato il divorzio faticosamente in parlamento, la Democrazia cristiana[12] propose un referendum per l'abolizione del divorzio. Quindi ci fu una mobilizazzione di massa in tutta l'Italia e il divorzio non fu abolito: una mobilizzazione capillare, che andava al livello di telefonate, di andare porta a porta, volantini[13] per le strade per far capire alla gente. Poi c'è stata anche la legge sull'aborto, e anche là c'è stato un tentativo – sempre della Democrazia cristiana, la parte più retriva[14] del Paese – di fare un referendum per abolirlo. Diciamo che la mia partecipazione politica, la mia attività politica, inizia proprio con delle grosse scelte, con la scelta di vita. E inizia anche attraverso questi referendum. Dopodiché mi sono iscritta al Partito comunista.

Da quanto tempo sei iscritta?
Sono iscritta al partito dal '74, quando c'era Berlinguer.[15] Noi abbiamo seguito anche la fase in cui il partito è diventato Pds.[16]

Hai fatto altra attività politica?
Sì, ho fatto sindacalismo[17] nelle scuole; sono stata iscritta alla Cgil[18] più o meno dal '69. Ero coinvolta nelle battaglie salariali, per migliori orari del lavoro, per la qualità del lavoro stesso. E sono ancora iscritta, adesso al sindacato pensionati. Penso di aver dato un certo contributo, sempre organizzando manifestazioni.

Che cosa si rivendicava?[19]
Le rivendicazioni per la categoria degli insegnanti erano migliorare i salari che erano molto bassi; e poi una democraticizzazione del lavoro, perché all'epoca esistevano le cosiddette note riservate[20] per gli insegnanti, in cui il preside[21] ti dava la qualifica[22] per il lavoro che avevi: mi pare fosse 'valente,' 'buono' e 'ottimo;' o 'insufficente.' Ma non era tanto la qualifica; era che ogni preside aveva a disposizione una parte

---

[11]Marco Pannella in seguito è diventato segretario del Partito radicale, poi di una formazione politica che porta il suo nome, la Lista Pannella; [12]La Democrazia cristiana è stato il partito che ha dominato la politica italiana dal dopoguerra al 1993, fino allo scandalo di Tangentopoli, dopo il quale è scomparso dalla scena politica; [13]*flyers*; [14]*backward*, detto polemicamente; [15]Enrico Berlinguer, segretario carismatico del Partito comunista italiano scomparso nel 1984; [16]Partito democratico di sinistra, in seguito conosciuto come Democratici di sinistra (Ds); [17]*union activism*; [18]Confederazione generale italiana del lavoro, sindacato di sinistra; [19]si voleva, nel senso di diritti; [20]*confidential remarks*; [21]nella gerarchia dell'istituto, la persona a capo: *principal*; [22]*job evaluation*

nella quale doveva dire quello che pensava di te, e tu non lo sapevi. Per esempio, le note riservate riguardavano anche la tua vita privata; cioè ci poteva essere scritto 'comportamento dell'insegnante al di fuori della scuola.' Quindi per una come me che conviveva con un uomo, poteva esserci scritto che ero una donna pericolosa per la moralità degli studenti, e questo incideva sotto il principio della libertà, perché non avevi a disposizione la possibilità di contestare o per lo meno rispondere.

A chi andavano queste note riservate?
Andavano al ministero, che poi magari le buttava[23] e non le guardava nemmeno. Però se tu avessi avuto dei particolari scontri[24] ... io, per esempio, ne ho avuto uno fortissimo perché ho avuto una causa.[25]

Una causa? Perché?
Ti spiego. Andai una volta dal Provveditorato agli studi di Napoli, che è l'amministrazione delle scuole del comune. Dovevo fare una pratica[26] per la mia carriera e mi trovai ad assistere a una discussione a cui non presi parte. Però quando terminò la discussione intervennero alcuni per schedare[27] questo fatto. Io mi rivolsi a un collega e dissi: 'Ciao, che ti è successo?' E quindi la discussione riprese, intervenne uno di questi del Provveditorato, mi guardò e mi disse: 'Lei chi è?' Io risposi: 'A lei che gliene importa?' E lui: 'Io sono ...' e mi disse il nome. Ed io: 'A lei non deve interessare chi sono io!' 'Lei mi deve dire il suo nome e cognome!' 'Io il mio nome e cognome non lo do a sconosciuti' dissi io, sempre per il principio di libertà. Dissi solo: 'Sono insegnante.' 'Questa non è l'ora di ricevere gli insegnanti! Poi Lei che cosa sta facendo? Sta là a pettegolare!'[28] Allora dissi: 'Lei è un cafone, rozzo cafone.[29]' 'Lei non sa chi sono io!' 'Non mi interessa proprio.' 'Adesso chiamo la forza pubblica!' 'E chiami la forza pubblica e mi faccia pure arrestare.' Insomma, un alterco[30] terrificante. Dopodiché andai nell'ufficio dove detti le mie generalità – nome, cognome, la scuola, dove abitavo, eccetera – perché dovevo fare la pratica per cui ero venuta. In seguito queste informazioni furono prese da quel tale del Provveditorato con cui mi ero litigata, e mi fece avere una censura dal Provveditore agli studi, una contestazione di addebito si chiama: cioè si contestava che avevo chiamato 'rozzo cafone' il vice Provveditore agli studi di Napoli. Su questa contestazione poi fui ricevuta dal Provveditore e cercai di chiarire, ma mi fecero una

---

[23]*threw out;* [24]differenze di opinione molto dure; [25]*lawsuit;* [26]*paper work;* [27]documentare per iscritto; [28]parlare di altre persone senza che queste lo sappiano; [29]*boor, lout,* ma in Italia è considerato un insulto abbastanza pesante; [30] *a quarrel*

denuncia,[31] mi fecero una censura, che era il grado immediatamente precedente alla sospensione del lavoro; per una cosa, in effetti, che non aveva niente a che fare con l'insegnamento, perché era un alterco che uno può avere alla Posta. E dopodiché ci fu una mobilizzazione anche in tutta Napoli, sui giornali: 'La Professoressa Rita Cocozza è stata insultata dal vice Provveditore agli studi.'

Sapevi che era il vice Provveditore?
No, perché non si era mai qualificato. Ho dovuto fare la causa penale,[32] perché poi lui mi denunciò per oltraggio a un pubblico ufficiale. Io poi abitavo con il mio futuro marito che aveva avuto il divorzio, ma non eravamo ancora sposati. In seguito fecero delle indagini[33] sul mio conto, e allora ci sposammo anche per evitare altri problemi. Quindi ho avuto una causa che è durata per un sacco di[34] tempo, ma l'ho vinta perché dimostrai che il corridoio in provveditorato non era la scuola, e che la contestazione era per una cosa che non aveva niente a che fare con la scuola. Però ci ho messo molto tempo. Queste dunque sono battaglie anche sindacali, non sono soltanto mie.

Pensi di ritrovarti ora sulle stesse posizioni politiche di quando hai cominciato o c'è stata un'evoluzione nel tuo modo di vedere?
Certamente: sarebbe assurdo che uno mantenesse enfaticamente le proprie posizioni da quando aveva sedici anni fino a quando ne ha sessantuno! È ovvio che c'è un'evoluzione, fermo rimanendo delle cose di fondo che sono importanti: ad esempio la giustizia sociale, la libertà di espressione, di parola, di lavoro. Però è chiaro che così com'era una volta il partito,[35] oggi è diverso.

Come pensi di avere cambiato il tuo modo di vedere?
Certamente l'età ti fa cambiare tante cose, perché quando sei giovane, dividi il mondo in buoni e cattivi. Oggi dici: 'Buoni, cattivi, così così, ma forse poi non sono tanto male.' Però certe cose di fondo, no. Nel '70 io avevo una posizione – non so, contro il capitalismo, contro l'invasione degli Stati Uniti – ma oggi no, è chiaro, perché il discorso è cambiato completamente.

---

[31]fare una denuncia = *to report someone or something to the authorities*; [32]fare una causa penale = *to take someone to court*; [33]investigazioni; [34]un sacco di = molto (colloquiale); [35]il Partito comunista italiano, diventato Democratici di sinistra

C'è qualcosa che è cambiata nella situazione italiana che ha inciso su questo tuo sviluppo?
Non è possibile dire: 'In Italia trovi qualcosa di diverso; diciamo che nel mondo è diverso.' Tanto per cominciare alcuni miti che c'erano nei paesi dell'Est ora non ci sono più. Per noi che eravamo iscritti al partito la Russia era una società mitica perché si pensava che ci fosse giustizia sociale, uguaglianza nell'accesso all'informazione, alla cultura, un benessere sia pure moderato. Le nostre idee cominciarono a cambiare con i fatti in Ungheria nel '57, quando ci fu l'invasione della Russia. E in quel caso mio fratello fu espulso dal partito perché era considerato frazionista, cioè aveva contestato la linea sovietica. Il mito cubano è rimasto più a lungo ma è caduto contemporaneamente alla caduta dell' Est, anche se Cuba rimane una piccola isola che è riuscita a far fronte a un colosso come gli Stati Uniti, sia pure aiutata dalla Russia. Però se oggi dovessi dare un consiglio a Fidel Castro,[36] gli direi che è finita la sua epoca.

È stata inaspettata la caduta fulminea del comunismo?
Inaspettata forse per chi non avesse già capito certe cose. Gorbaciov[37] già aveva avvertito[38] la situazione.

Come hai vissuto quel periodo?
Certamente ho visto tanti compagni – specialmente quelli più umili, quelli che non avevano una grande cultura politica – che hanno sofferto moltissimo. Ancora oggi alcuni compagni si attaccano a questo fatto che nel comunismo c'è stato forse un errore di impostazione,[39] ma sostanzialmente l'ideologia era buona e forse c'è ancora qualcosa di valido. Se parliamo dei compagni di Rifondazione,[40] l'ottanta per cento dei militanti di base più modesti ha la convinzione che Gorbaciov ha tradito laddove avrebbe potuto fare qualcosa, e che Eltsin[41] è stato un fetente,[42] che poi è la verità. Se Gorbaciov ha intuito la situazione e ha cercato di arrivare a una forma di democrazia con un percorso più lungo, Eltsin invece ha finito con l'impadronirsi del potere ed è di-

[36]Fidel Castro (1926), segretario del Partito comunista cubano, capo dello stato cubano; [37]Michail Gorbaciov (1932), segretario generale del Partito comunista sovietico, è stato il maggiore responsabile della fine del comunismo nell'Unione sovietica; [38]*aware*; [39]organizzazione; [40]Rifondazione comunista, partito di estrema sinistra formatosi dopo che la maggioranza del Partito comunista italiano aveva scelto di spostarsi più al centro, diventando Partito democratico di sinistra; [41]Boris Eltsin (1931), presidente della Repubblica federativa russa dal 1990 al 1998; [42]insulto di origine napoletana, dal napoletano *fetere*, puzzare

ventato un imperialista qualsiasi. L'Urss si è frantumata, ed Eltsin era inaffidabile e corrotto.

Perché alcuni punti cardinali del Pci oggi non sono più validi?
Nella realtà pratica si è visto che il mondo è andato avanti rispetto a questi concetti. Non sono più applicabili perché era una visione economicistica e improponibile in un mercato che andava sempre più frantumandosi,[43] con mezzi tecnici molto più avanzati di quelli di venti, trent'anni fa. Allora si parlava di macchine che avrebbero sostituito l'uomo; ora abbiamo il computer che ti fa quello che fanno tanti uomini, fabbriche intere. Non puoi più ignorare la tecnologia avanzata.

Che cosa è rimasto del vecchio comunismo che può essere recuperato, reso attuale?
Il senso dell'importanza dell'uomo rispetto al profitto. Se per avere un profitto bisogna lavorare a detrimento di una persona ... no, è un profitto che io rifiuto.

Come si arriva a una giusta remunerazione per un lavoro? Chi decide?
Impossibile rispondere in poche parole! Prima di tutto il diritto di un lavoro per tutti: in Italia c'è una disoccupazione spaventosa. Poi un'utilizzazione dei mezzi di produzione finalizzata[44] al miglioramento della qualità della vita; l'idea del lavoro come parte integrante della vita ma finalizzato al miglioramento dell'individuo, e quindi come tale un salario che che consenta una vita dignitosa. Ora la povertà che c'era nell'immediato dopoguerra non c'è più, ma ci sono povertà diverse: la povertà ad esempio di chi prende un salario di un cinquecento euro al mese e ha la famiglia da mandare avanti.

C'è stato per te un senso di delusione per la scomparsa del comunismo?
Certamente, perché è stata sempre sotterranea l'illusione che ci fosse un errore nell'informazione. Per esempio quando anni fa sono stata nell'Unione Sovietica, sono rimasta enormemente impressionata; mi ha emozionata, turbata. Ho visto alcune cose che andavano bene per una società molto antica. Quello che noi chiamiamo il diritto alla casa sono dei grandi casermoni[45] con pochi metri quadri a persona. Se sei uno solo hai una camera, un piccolo bagno, una piccola cucina; ma l'abitazione ce l'hanno tutti, e questo è un fatto positivo. Comunque sono

---

[43]specializzandosi in tanti settori diversi; [44]*aimed*; [45]*large military barracks*

due momenti diversi perché la pianificazione del diritto alla casa nell'
Unione sovietica è stato un fatto positivo in una società così estesa: ha
dato il riscaldamento, la luce gratis, ma ha appiattito[46] la voglia di andare avanti, quindi andava bene fino a un certo punto. Quando sono
andata là ho visto una società che viveva poveramente, miseramente
durante il comunismo, ma ora vive in una condizione ancora peggiore,
perché manca tutto. Oggi pagano non soltanto la stessa casa di merda,
ma anche la luce, il riscaldamento, ed hanno dei salari bassissimi e non
c'è niente da comprare. Anche lo stimolo materiale è importante.

Avevi detto: 'errore nell'informazione:' che cosa intendi?
Molti hanno pensato: 'forse un'informazione sbagliata, il solito capitalismo che cerca di informare male,' specialmente nei primi periodi.
E invece la realtà era quella: era una società che si era fermata a quarant'anni fa. All'epoca poteva andare avanti perché era una società del
dopoguerra, oggi no.

*Tu e tuo marito state bene. Avete una bellissima casa a Napoli, una seconda
casa in affitto sul mare, una barca, un camper.[47] Come concili tutto questo con
le tue idee politiche?*
Inanzitutto nessuno mi ha mai regalato niente, ho lavorato sempre
molto. E poi ho fatto delle scelte: io preferisco spendere oggi quasi tutto
e non accumulare, perché penso sempre che dopo la morte non c'è
niente; c'è data una sola vita e io me la godo perché ritengo che sia una
visione sana. E poi che cosa dice Seneca?[48] Rimprovera chi soffre oggi
perché pensano che un domani o più in là faranno, diranno. Dunque
concilio la mia volontà di voler godermi la vita con le mie idee politiche
perché siccome considero importante la salute mentale dell'individuo,
penso di fare una vita in cui la salute mentale è buona.

*Qualche anno fa Walter Veltroni, ex Segretario dei Democratici di sinistra,
ha scritto un libro direi quasi agiografico su Robert Kennedy.[49] C'è un punto
d'incontro tra Kennedy e Marx?*
Prima di tutto sono due persone diverse: Marx è dell'Ottocento, Kennedy è stato un mio contemporaneo. Diceva delle cose molto importanti per cui è stato assassinato, cose di cui può parlare Veltroni ma

[46]scoraggiato; [47]*small motor home*; [48] Lucio Anneo Seneca (4 a.C–65 d.C), filosofo e scrittore latino nato a Cordoba (Spagna); [49]Robert Kennedy (1925–68), uomo politico statunitense, candidato alla presidenza, assassinato nel 1968, e fratello del presidente John
Kennedy (1917–63)

anch'io ora: eguaglianza, libertà, diritti civili. Marx si riferiva a una società ottocentesca che non c'è più. Ma Kennedy come Marx rivendicava
una società che fosse più giusta; comunque sono momenti diversi, non
assimilabili. Io nelle mie idee mi sento anche l'erede di Kennedy come
di Martin Luther King, di tutti quelli che hanno fatto battaglie per la
giustizia in America.

*In America però può stupire che gli eredi del Partito comunista si siano appro-
priati di Robert Kennedy.*
Per gli italiani comunisti l'America era un paese imperialista e cattivo
mentre per gli americani viceversa i comunisti erano sempre quelli che
mangiavano i bambini: può stupire perché in America forse non si è
seguita tutta l'evoluzione del Partito comunista italiano. Il Pci è sempre
stato molto diverso dagli altri partiti comunisti europei, quello francese
o spagnolo, ad esempio; molto più libertario, non un partito chiuso.
Ricordiamoci che Togliatti dichiarò una via italiana al comunismo, cosa
impensabile all'epoca perché la Russia faceva capo a un comunismo
internazionale. E poi c'è stato il riconoscimento della democrazia parlamentare, inesistente negli altri partiti comunisti.

Perché pensi si sia resistito ad accettare questi sviluppi?
Credo che a un avversario politico manchi il terreno sotto i piedi se
non ti può chiamare comunista che mangia i bambini e così vince la
battaglia elettorale terrorizzando. Guarda Berlusconi, che continua a
ostinarsi a chiamarci comunisti!

Ha ancora una validità politica Marx?
È interessante certamente, ma non ha nessun valore attuale: è stato superato. Rimane però un classico di economia e di filosofia che va studiato.

*Vorrei toccare un altro argomento che so che t'interessa: com'è cambiata la
situazione della donna in Italia negli ultimi trent'anni?*
È cambiata prima di tutto con la consapevolezza della donna di essere
parte fondamentale della società, mentre prima si considerava solo l'an-
gelo del focolare.[50] Nelle campagne questo sviluppo è ancora in corso.
Poi la donna oggi non è più disponibile ad essere soltanto madre, vuole
un'esperienza di lavoro. In alcune c'è poi il rifiuto della maternità. E poi

---

[50]donna che si occupa solo delle cose di casa

c'è il desiderio di parità con l'uomo, la consapevolezza delle proprie possibilità, il lavoro uguale per tutti, ma il salario uguale ancora non c'è. Per me forse ho sentito meno questi cambiamenti, perché rispetto alle donne della mia generazione, per scelta di vita io forse ho precorso i tempi, proprio dall'infanzia. Nel '58 ero l'unica donna a Napoli che guidava la Vespa,[51] nel '59 ero stata l'unica donna della mia classe ad andare in Inghilterra per imparare l'inglese. Nel '60 ero una delle poche ad andare a convivere con un uomo. E quest'ultima è stata una scelta dolorosa: la gente certamente non mi metteva i tappeti a terra[52] e ho anche avuto problemi sul lavoro. Ora sono meno radicale, divido meno la società in buoni e cattivi: viene con l'età.

C'è femminismo oggi in Italia?
Credo che sia un po' sceso come concetto. Alcuni diritti sono stati acquisiti e il femminismo nasce per avere certi diritti fondamentali. Ci sono ancora battaglie da fare, ma femminismo nel senso delle donne che marciavano col simbolo delle femministe ce ne sono molto poche.

Non pensi però che in fin dei conti il rapporto uomo-donna in Italia è rimasto sostanzialmente lo stesso, con la donna subordinata soprattutto per quanto riguarda la casa e la famiglia?
La mentalità è dura a morire. Si possono avere tutti i diritti legali, cioè la legge stabilisce che maschi e femmine sono tali e quali e che una donna quando ha un figlio non lo ha solo per suo piacere, ma che il figlio è un bene sociale, quindi il diritto alla tutela della maternità è fondamentale. La battaglia del femminismo continua nell'ambito della famiglia, non finisce nel momento quando si dice: 'Tu sei tale e quale e voti tale e quale.' Pensa che la prima volta che la donna ha votato in Italia era quando c'è stato il referendum sulla monarchia, subito dopo la guerra. La donna lavora due volte: lavora fuori e in casa. Credo però che le giovani generazioni – quelli dai venti ai trent'anni – hanno[53] le idee molto più chiare. Comunque non dimentichiamoci che questa è la patria del Papa!

Come si vive in Italia ora? Che cosa cambieresti?
Io mi trovo benissimo in Italia, dove c'è un forte senso delle radici, dei parenti, degli amici. In America forse si è troppo mobili e si è costretti ad andare lontani da tutto ciò che noi consideriamo importante

---

[51]sorta di precursore dei motorini; [52]*red carpet treatment*; [53]Notare l'uso dell'indicativo con credere per comunicare certezza.

per l'esistenza quotidiana. Però è anche una maledizione perché poi
non ti muovi più. In particolare io sto bene a Napoli, una città che amo
moltissimo, anche con tutti i suoi difetti. È una città molto viva con
abitanti vivacissimi. A una fermata del tram se c'è una persona vicino
a te, inevitabilmente finisci col parlare. A Napoli nessuno ha bisogno
di uno psicanalista: fai terapia alla fermata dell'autobus! Il napoletano
sente molto il piacere della conversazione: tu non sei mai solo a Napoli.
Un anziano in un vicolo[54] viene adottato in una maniera o in un'altra
dal complesso, insomma. Questo è il lato positivo. A Milano invece se
muori non se ne accorge nessuno. Il lato negativo è che, poiché non sei
mai solo, ti rompono anche le scatole![55] Poi ci sono dei difetti enormi:
Napoli è sporca, è caotica, c'è un alto tasso di disoccupazione che poi
porta a una serie di cose terribili. Che cosa cambierei in Italia? Tanto
per cominciare noi abbiamo avuto una classe politica che ha distrutto
tutto il senso dello stato e l'organizzazione dello stato. E poi c'è l'inefficienza burocratica che è una cosa assurda. L'altro giorno sono andata
in banca per ritirare un assegno: sono entrata che erano le dieci meno
un quarto e sono uscita a mezzogiorno e mezzo. Sono cose pazzesche:
per fare una pratica devi fare tre file e perdere un sacco di tempo, soprattutto nel Sud. La burocrazia è mal fatta in Italia ma ci siamo forse
anche troppo abituati, rassegnati. Io non andrei in nessun altro posto:
sono radicata qui e so che non soffrirò mai la solitudine.

I.   *Rispondere alle seguenti domande.*

1.   Come ha cominciato Rita ad interessarsi della politica?
2.   Secondo Rita, qual è stata una sua grande scelta politica? Perché?
3.   Come ha cominciato a partecipare in modo concreto nella politica?
4.   Che cosa ha fatto come sindacalista?
5.   Perché Rita pensava che le note riservate fossero un'ingiustizia?
6.   Perché si era scontrata con il vice Provveditore degli studi? Cosa è
     successo?
7.   Come è riuscita a vincere la causa?
8.   Come è cambiato il suo modo di pensare? Perché?
9.   Secondo Rita, cos'è cambiato nel mondo che ha inciso sullo svi-
     luppo delle sue idee?
10. Cosa pensavano molti comunisti italiani del crollo del comunismo
     mondiale? Perché?

---

[54]strada stretta, comune nel cuore della Napoli antica; [55]eufemismo per 'ti danno noia'

11. Cosa è successo nel mondo che ha reso alcuni punti cardinali del Pci non più validi al giorno d'oggi?
12. Secondo Rita, rimane qualche aspetto del vecchio comunismo che è ancora valido?
13. Cosa pensa del lavoro e degli stipendi?
14. Perché c'era per lei un senso di delusione per la scomparsa del comunismo? Com'era, secondo lei, la situazione in Russia, e com'è al giorno d'oggi?
15. Perché alcuni pensavano che le cattive notizie sulla situazione in Russia fossero da attribuire a un'informazione sbagliata?
16. Come concilia la sua volontà di volersi godere la vita, anche al livello materiale, con le sue idee politiche?
17. In che senso una ex comunista come Rita può apprezzare le idee di un Robert Kennedy, di un Martin Luther King?
18. Secondo Rita, perché gli americani si possono stupire di un'ammirazione degli ex comunisti italiani per Robert Kennedy?
19. Perché pensa che per avversari politici, come Berlusconi, sia utile continuare a proporre l'esistenza di un vecchio comunismo?
20. È utile leggere Marx oggi?
21. Com'è cambiata la situazione della donna in Italia negli ultimi trent'anni?
22. Perché si sentiva diversa da altre donne quando era più giovane?
23. Cosa pensa del femminismo in Italia e del ruolo della donna al giorno d'oggi in Italia?
24. Perché si trova bene in Italia e a Napoli in particolare? Cosa cambierebbe?

II. *Proposte per elaborazione orali o scritte.*

A. Quali sono i temi politici di maggiore interesse oggi? Perché diminuisce la partecipazione nella politica? Secondo Lei, quali potrebbero essere gli effetti di una diminuita partecipazione politica?
B. Rita cita la sua convivenza con un uomo separato, ma non divorziato, come una grande scelta politica. Secondo Lei, ci sono altre scelte di vita simili che non rientrano propriamente nei programmi di un partito politico? Perché pensa che i partiti siano ambigui (o tacciano) su certe scelte politiche?
C. 'La vita privata di un individuo non va considerata quando si valuta come svolge il proprio lavoro.' È d'accordo con quest'af-

fermazione? Prenda la posizione contraria alla Sua e si faccia un dibattito in classe.

D. 'Se tu per avere un profitto lavori a detrimento di una persona è un profitto che io rifiuto.' Negli ultimi anni si è spesso scoperto che un bene di consumo publicizzato da noti personaggi della TV, sport o spettacolo veniva prodotto da lavoratori – spesso bambini – in paesi in via di sviluppo in condizioni scandalose. È accettabile acquistare qualcosa per pochi soldi anche sapendo che chi la produce viene sfruttato? È giusto guardare solo e sempre a quella che si chiama *the bottom line*, il profitto?

E. Rita concilia le sue idee politiche con la sua volontà di godersi la vita perché 'è importante la salute mentale dell'individuo.' Cosa vuole dire? In che cosa consiste per Lei la 'salute mentale?'

F. Con un compagno di classe, si prepari una scenetta da presentare in classe, considerando bene la conversazione con Rita. Si segua questa traccia: il vice Provveditore agli studi, un anziano ex fascista, accusa Rita di essere un pericolo per gli studenti. Quali sono le accuse del vice Provveditore? Poiché Rita non vuole rischiare il suo lavoro, come si difende? Cosa decide il vice Provveditore alla fine?

III. *Esercizi.*

A. Unire le seguenti coppie di frasi per mezzo di un pronome relativo *che* o *cui*, creando un'unica frase ed evitando ripetizioni.

Esempio: Cesare è un mio caro amico. Cesare è iscritto all'Azione cattolica.
Cesare, che è iscritto all'Azione cattolica, è un mio caro amico.

1. Mio fratello mi passava dei libri. Quei libri avevano attinenza con i miei studi filosofici.
2. È stata coinvolta nella battaglia per il divorzio. In quella battaglia ha speso molta energia.
3. Ersilia da tempo conviveva con un uomo. Quell'uomo si chiamava Bob Busecchia, di Busalla, provincia di Genova.
4. Ti ho parlato delle battaglie sindacali. Avevo partecipato a quelle battaglie sindacali.
5. Ogni preside aveva una parte riservata nella qualifica per il nostro lavoro. Nella qualifica poteva dire quello che pensava.

6. Siamo venuti per fare una pratica. È una pratica lunga e piena di informazioni inutili.
7. Nella causa ci furono molti testimoni. La causa fu vinta dall'avvocato Von Wurst.
8. Questo è il mio amico Zganzcek. Con lui mi trovo spesso per discutere di politica.
9. Il dottor Cantalamessa vuole delle sigarette pachistane. Non è riuscito a trovare queste sigarette nella tabaccheria.
10. Maria ha pagato molto per i calamari. Quei calamari erano freschissimi.
11. Voi avete avuto difficoltà ad aprire la scatola. Nella scatola c'è un poster gigante di Karl Marx.

B. Completare le frasi inserendo il pronome relativo *cui*, preceduto da un articolo o una preposizione che permetta di collegarlo al nome a cui si riferisce. Ricordare che il significato di *cui* preceduto da un articolo è *whose*.

Esempio: Stanlio è una persona _di cui_ mi fido molto.
Cira, _la cui_ madre è di Napoli, è nata a Tahiti.

1. Quella casa, _____ i miei cugini pagano un affitto altissimo, non ha il riscaldamento.
2. Gesualda è un'amica _____ si sta sempre volentieri.
3. Spero di tornare a passare le vacanze in quel piccolo paese vicino al mare _____ mi sono trovato così bene l'anno scorso.
4. Abbiamo visto un film _____ protagonisti erano davvero eccezionali.
5. Questo è il libro agiografico di Veltroni su Robert Kennedy, _____ ti avevo parlato la settimana passata.
6. È strano rivedere dopo tanto tempo le persone _____ si è passata l'infanzia.
7. La teoria di Marx, _____ presupposti politici non hanno un valore attuale, rimane sempre molto interessante.
8. Il Mali, _____ storia il professor Scarnecchia conosce bene, è una nazione in via di sviluppo.
9. Le sorelle Esposito, _____ faccio terapia alla fermata dell'autobus, sono molto vivaci.
10. L'ufficio _____ siamo dovuti andare per fare la pratica si trova in via Guevara.

C. Sostituire *che* e *cui* con *il quale, la quale,* ecc., facendo attenzione al-
l'uso degli articoli e delle preposizioni.

1. Ci piace molto la sede del partito in cui _____ andiamo
qualche volta per discutere di economia.
2. Ho visto due giovani che _____ guidavano una
Vespa.
3. Qualcuno aveva lasciato una sigaretta accesa sulla sedia su cui
_____ Nigel si era seduto.
4. Le manifestazioni a cui _____ avete partecipato riven-
dicavano i diritti degli animali domestici.
5. Tra i sindacalisti non c'era nessuno di cui _____ mi potevo
fidare.
6. Ha detto che avrebbe spedito una scatola in cui _____
avremmo trovato i volantini per la campagna elettorale.
7. L'uomo con cui _____ ci siamo scontrati duramente era
il senatore Snaporaz.
8. La rivendicazione principale che _____ gli insegnanti
volevano era la liberalizzazione del prezzo del pane.
9. Ludovica era una nostra vecchia zia che _____ era stata
iscritta al partito dei pensionati.
10. Nel corridoio c'erano dei colleghi che _____ stavano
avendo un alterco terrificante.

D. Completare le frasi usando il congiuntivo se necessario.

1. Alle nove in punto partirà il treno che _____ .
2. Sono rimasto sorpreso che _____ .
3. Con il suo comportamento pericoloso, Gino ci faceva preoccupare
che _____ .
4. Il professore aveva fatto una denuncia che _____ .
5. Abbiamo sentito una voce strana che_____ .
6. Siamo contenti che voi_____ .
7. Avendo finito di mangiare il pesce, Ubaldo ha improvvisamente
urlato che_____ .
8. Ho sorriso perché tu portavi dei pantaloni che _____ .
9. Il ministero ha deciso che_____ .
10. Quando è entrato, abbiamo notato che aveva la più brutta cravatta
che _____ .

Undicesima conversazione: Piero

PIERO, *antiquario fiorentino, ci rivela le soddisfazioni della sua attività nonché le difficoltà del settore.*

SCHEDA DI CULTURA: Il patrimonio artistico italiano.

È ben noto che l'Italia possiede[1] uno dei più ricchi patrimoni artistici del mondo, anzi, un'alta percentuale di tutto il patrimonio artistico mondiale. Questo fatto le conferisce[2] l'enorme responsabilità di tutelare[3] questo tesoro per noi tutti, un'impresa[4] complicata perché richiede non solo competenze[5] altamente specializzate, ma anche la disponibilità[6] di ingenti somme di denaro. Le varie civiltà che hanno popolato la penisola hanno lasciato importantissimi reperti archeologici che vanno indietro nel tempo di quasi tremila anni, dagli etruschi[7] nel centro dell'Italia ai greci nel sud, e poi i romani che hanno costruito strade, ponti ed edifici ancora in uso. E poi ancora l'arte e i monumenti architettonici bizantini – soprattutto a Ravenna[8] – e l'enorme eredità del medioevo e del Rinascimento che ha conferito a tante città grandi e piccole il loro caratteristico aspetto. Non bisogna poi tralasciare[9] il periodo barocco che ha lasciato un'impronta definitiva su Roma e su Napoli nel Seicento.[10] Per fortuna, l'archeologia moderna ha tamponato[11] lo scempio[12] di tanti monumenti e siti archeologici. Spogliati di materiali edili per costruire altri edifici, molti resti archeologici oggi vengono sottoposti[13] a interventi per consolidarne le strutture e conservarne le facciate esterne. L'esportazione clandestina di opere d'arte (spesso ottenute illegalmente) rimane un pro-

---

[1]possedere = avere; [2]conferire = dare; [3]proteggere, conservare; [4]*undertaking*; [5]*skills*; [6]*availability*; [7]Gli etruschi popolavano zone dell'Italia centrale da Bologna quasi fino a Napoli, e ebbero la loro massima fioritura tra il settimo e il secondo secolo avanti Cristo. Molte loro città vennero conquistate da Roma e gli etruschi vennero quindi assimilati dai romani che ne derivarono elementi politici e culturali; [8]Città dell'Emilia-Romagna, capitale dell'impero romano d'oriente (402), fu conquistata dai bizantini nel 540; [9]dimenticare; [10]*seventeenth century*; [11]tamponare = fermare; [12]*ruin, destruction*; [13]sottoporre = *to undergo*

blema, anche se molto meno di prima: lo stato italiano vigila con maggiore attenzione e con leggi più severe per punire i trasgressori.

Cosa significa essere antiquari in Italia?
Dev'essere una passione, un amore, qualcosa che c'è dentro di te. Non è una professione che uno può fare senza avere amore e passione, come si possono fare altri mestieri,[14] altre attività, per farlo bene, in special modo. È anche la passione per il commercio, ma la passione dell'antiquario è soprattutto scoprire delle cose, non il vendere; il vendere poi è un risultato dell'attività.

Sente di avere una qualche responsabilità per i pezzi che acquista?
Certamente, per tutte le opere che acquisto e vendo: in primo luogo perché sento di averle riscoperte, e allora mi sembra di averle riportate a una certa luce, perché erano sempre state in un posto chiuse, o a un'asta,[15] non capite o altre cose del genere. In secondo luogo è perché quasi tutti gli antiquari hanno cura e con il restauro le rimettono a posto[16] e in modo piuttosto intelligente siccome sono persone che ci rischiano i soldi. Non sono persone che vogliono buttare via queste cose – normalmente – poi c'è il commerciante, che è un altro tipo di antiquario. Il vero antiquario sente l'arte.

Come è entrato nell'antiquariato?
Ci sono entrato perché sono di famiglia. Mio padre era uno dei più vecchi antiquari di Firenze, forse il più vecchio – ormai è morto – e piano piano con lui, da quando ero bambino sono stato dietro a lui, nelle case, alle aste. È una cosa di famiglia che si tramanda da nonno a padre a figlio.

Che consiglio direbbe a uno che pensa di entrare nel settore?
È molto difficile, forse uno dei settori più difficili da intraprendere oggi. Perché c'è una scarsità enorme di oggetti, non chiamiamole opere d'arte perché non tutto è un'opera d'arte, sono anche oggetti di normale uso che sono belli ma non sono opere d'arte. Però oggi trovarla questa roba è impossibile, ci vuole un capitale enorme perché tante volte restano[17] quattro, cinque anni, dieci anni. Ci vuole esperienza perché ci sono cose rifatte dopo cinquant'anni, cose rifatte completamente[18] e perciò c'è un

---

[14]lavori; [15]*auction*; [16]*fix them up*; [17]Restano invendute nel negozio; [18]Non sono più autentiche.

rischio enorme. È un investimento incredibile perché è fermo, non è un supermercato dove vieni tutti i giorni la mattina e ti metti a lavorare. È uno dei mestieri che considererei meno di fare oggi perché è passato quel momento di grande vendita e acquisto, non della voglia, ma poche persone si possono permettere di spendere per fare un bel salotto – non dico nemmeno un bel quadro – per trecentomila dollari. Vedi queste due poltrone? Le ho pagate ieri settemila euro e le venderò a diecimila. Ma non molte persone vanno a spendere diecimila euro per due poltrone e le mettono lì. È un lavoro durissimo.

Ha qualche specializzazione particolare nel settore dell'antiquariato?
Se devo dire la verità assoluta io sono specializzato in vetri antichi, però, comunque, mi interessano molto anche le cose cinesi, ma lì ci vuole veramente una conoscenza enorme, e poi ci sono i quadri, la scultura. Il mobile[19] è l'ultimo che viene, eppure stranamente io sono pieno di mobili, anche perché uno tratta un quadro una volta ogni tanto, il mobile è più di commercio.

Oltre all'esperienza con Suo padre, qual è stata la Sua preparazione?
È molto strano: ho una preparazione scolastica ma non ha nulla a vedere con l'antiquariato. La preparazione di antiquario si fa praticando tattilmente.[20] Poi libri su libri su libri, ma il libro non è mai sufficiente perché diventi solamente un teorico: diventando un teorico non hai la pratica. Ci vogliono tutt'e due; bisogna avere il contatto, toccarla, sentirla, non puoi solamente vederla; vederla non ti basta. Se vai in un museo – vabbene, non è possibile toccare in un museo – comunque se si potesse, li tocchi, li vedi, li guardi centomila volte, dopo cominci a capire perché quella patina dev'essere differente da quell'altra, o perché un artista fa così e un altro diversamente. Però ci vuole dalla mattina alla sera per tanti anni, tanti anni!

Come impiega il Suo tempo libero?
Nel mio tempo libero resto attaccato in qualche modo all'antichità. Ora non sono mica un fanatico, ogni tanto mi posso andare a calmare! Però se potessi lavorare anche la notte, lo farei. E lavorare non per il guadagno, ma per il gusto di starci vicino. E pensa, dove si passa più del nostro tempo, a casa o nella nostra attività? Io penso di aver passato più tempo con la roba antica mia che a casa; ora ci sono attaccato, è come una famiglia!

---

[19]*furniture;* [20]*by touching*

Si affeziona mai a qualche oggetto?

Certamente, anche a qualche oggetto stupido, non dev'esser per forza un'opera d'arte. Però sto attento, perché che cosa succede: affezionarti a tutti non puoi, devi cercare di affezionarti trovando una piccola strada; dici: 'Io mi voglio affezionare un po' a questo o un po' a quello'; altrimenti diventerebbe così vasta l'affezione che poi dopo non c'è più commercio!

Dunque a volte trova difficile privarsi[21] di un pezzo?

Sì, e certe volte anche facile: facile e difficile. A me è successo una o due volte, non molto spesso, altrimenti sarei preso per un pazzo! Ad esempio una volta mi entrò nel negozio una coppia di giovani sposi olandesi o tedeschi e s'innamorarono di questo bicchiere stupendo del Settecento[22] – ma veramente eccezionale – però non avevano i soldi. Glielo regalai; era anche un oggetto di un certo valore che vent'anni fa ne chiedevo settecentomila lire [circa trecentocinquanta euro oggi]. Perché vedevo un tale amore per il bicchiere e sapevo che gli avrebbe dato piacere, che lo avrebbero conservato bene.

Come riesce a stabilire il valore di un oggetto?

Prima di tutto bisogna stare al corrente tutti i giorni. Devi andare alle aste, devi vedere gli altri antiquari e a un certo momento devi fare una livellazione. Devi guardare quei libri con disegni e fotografie che riportano le quotazioni[23] dell'oggetto in diversi anni e poi ti rendi conto un pochino informandoti, perché una precisa valutazione non esiste, è impossibile. Prima c'era un'enormità di scambi con altri colleghi, ora però sono diminuiti.

È molto sentita la concorrenza con altri antiquari?

La concorrenza non è così enorme perché c'è una differenza tra la roba, non può essere uguale.

Le è mai capitato di fare un errore di valutazione?

Certo, anche ultimamente ho comprato degli argenti perché anche di quelli ne capisco abbastanza. Una vecchia signora è morta e ne ho sentito l'annuncio dai parenti e mi interessava acquistare qualche cosa. Poi alla fine non avevo acquistato quasi niente e alla fine mi dissero che

---

[21]nel senso di vendere; [22]Molto delicata e di eccezionale fattura la produzione di bicchieri di vetro nel Settecento in Italia: ricercatissimi i bicchieri veneziani; [23]prezzi

avevano delle valige piene di argenti in deposito.[24] Sono andato lì e – sai com'è con l'eccitamento, questo e quest'altro – non le ho guardate bene, gli ho dato ottomila euro e forse mi è andata benino perché c'erano due candelieri e forse mi riprendo i miei soldi, forse. Perciò è stato un affare sbagliato. Tirar fuori ottomila euro per poi riprendere settemilanovecento euro magari dopo un anno non è un affare giusto. Questo mestiere è molto strano perché tutti pensano che sia un mestiere che porta grandi guadagni; spendendo grandi cifre ci sono grandi guadagni. Ma pensa che quando una maglietta arriva al negozio, il negoziante ci mette subito tre o quattro volte il valore. Ma un quadro che hai pagato cinquemila euro lo dai poi a seimila dopo sei mesi. Però c'è un problema, perché ci sono da fare dei libri.[25]

Come funziona il Suo rapporto con lo Stato?
Quello è un grande problema. In Italia l'antiquario non è considerato come in altri paesi – la Svizzera, la Germania, la Francia – bene, come un medico, ma come un ladro.[26] Di principio. Ma non solamente per la faccenda[27] delle tasse, ma è considerato un ladro perché tutta la roba antica non si sa all'incirca da dove viene. E c'è una paura enorme che siamo tutti ladri. E non sono prevenuto:[28] è così. Infatti ci sono dei libri dei Carabinieri che noi cerchiamo di avere – perché non li danno a tutti – per vedere tutta la roba rubata, quella riportata a loro come refurtiva.[29] Diversi anni fa un mio amico è andato in Brasile e ha comprato dei quadri bellissimi del Settecento, mandati in Italia, ma a buon diritto,[30] dal restauratore. Cosa succede: gli ha telefonato: 'Guarda, quei quadri che mi hai mandato sono stati rubati venticinque giorni fa in Italia.' In venticinque giorni erano già in Brasile, lui li ha ricomprati e sono tornati. Però senza saperlo, in buona fede. Ha detto: 'Bruciali.' Perché se uno ti riporta un oggetto e dice: 'Purtroppo è rubato,' ti vengono i carabinieri,[31] la Guardia di finanza,[32] ti mettono denunce, avvocato e tribunale. A questo punto ti vien la paura. Io cerco di essere sempre il più ligio[33] possibile, so dove compro. Però tante volte io vado in America, in Francia, compro un oggetto, potrebbe esser stato rubato un anno fa: come faccio a saperlo?

---

[24]*storage;* [25]i libri dei conti e delle tasse; [26]*thief;* [27]*matter;* [28]accusato (in senso giuridico); [29]cose rubate; [30]seguendo tutte le leggi; [31]Arma dell'esercito italiano che svolge compiti di pubblica sicurezza e polizia militare. Il nome viene da carabina, un'arma da fuoco simile a un fucile; [32]Corpo di polizia italiano che vigila sul contrabbando, sull'evasione fiscale (pagamento delle tasse), ecc.; [33]fedele (*faithful*); sa bene da chi compra

Come sa dove acquistare oggetti?
Non lo so, molti acquistano nelle aste, anche all'estero. Io non sono molto propenso a questo, molto spesso acquisto da famiglie, tramite amici. O qualche volta vado da commercianti all'estero e vedo se posso provare a fare la scoperta. In questo commercio prima compravi quello che compravi, si rivendeva; sembrava un supermercato, potevi far la scommessa[34] a chi comprava per la strada. Ma da quattro-cinque anni sono momenti diversi. Qui ora passano quaranta, cinquanta giorni che non entra un'anima:[35] è cambiata da così a così. È la situazione mondiale, non direi solo italiana: stanca ovunque. Poi ci sono alcuni oggetti speciali che è difficilissimo trovare e allora esulano.[36] Però sono scesi[37] anche quelli, guarda l'arte moderna. C'è sempre meno roba in giro. L'unica cosa che ancora sto comprando sono un po' di mobili. Ma io se non compro un quadro o un bronzo non è un problema, perché non posso comprare un quadro solo per comprarlo. Uno lo compra pensandoci, vedendolo; che sia bello, che ci sia guadagno. Quindi non vendo, acquisto poco: è fermo, c'è crisi, i privati non vendono, se lo mantengono come sostanza che può valere sempre, come un bene rifugio.[38] Però non l'acquistano il bene rifugio, lo tengono!

Quando trova un oggetto, un quadro interessante a cui pensa possa dare qualche attribuzione, come fa ad autenticarla?[39]
Non è semplice. Prima di tutto quando vedo che un oggetto, un quadro è bello così ... via, non viene messo in commercio. Inutile metterlo così e dire: 'Dammi diecimila euro, dammi ventimila euro.' Quando capita[40] una cosa bella non viene messa in commercio, ma viene studiata da me e magari anche da qualcun altro, non da antiquari, qualcuno più teorico, ci vuole tutt'e due. Io non posso andare alle biblioteche specializzate, non ho tempo; magari gli dico: 'Guarda i pittori veneziani del Settecento,[41] mi sembra una cosa di questo tipo qui;' o gli do tre nomi: 'Cerca di fare una ricerca su questo.' Qualche volta non sono riuscito ad arrivare a capo a niente e dopo venti giorni li ho trovati pubblicati in un catalogo del 1980, ad esempio. Ti faccio vedere una cosa stranissima. Io ho comprato questo quadro due anni fa e cercavo di fare delle ricerche, sapevo all'incirca cos'era, ma non ci sono riuscito e l'ho messo

---

[34]*bet*; [35]nel senso di nessuno; [36]*disappear completely*; [37]nel valore, nel prezzo; [38]beni che tendono a conservare il proprio valore; [39]attribuire un quadro non firmato a un artista documentato; [40]*happens*; [41]I pittori veneziani del Settecento, soprattutto quelli che dipingevano vedute di Venezia e dei suoi canali – i più noti Canaletto e Francesco Guardi – sono ricercatissimi sul mercato dell'antiquariato.

nel dimenticatoio.[42] Arrivò un mio amico che aveva visto la fotografia e mi dice: 'Piero, sai cosa mi è successo ieri? Ero al mercato delle pulci e c'era questo catalogo di quest'asta *Collezione Emilio Narnesi, Asta di Firenze, Palazzo Ricciardiello, 1936*': Eccolo qui: e questo è il quadro. È un minore fiorentino del Settecento con un certo valore; ma lo vedi, sono i casi. Per un anno e mezzo avevo studiato e non avevo trovato niente; viene lui che compra cataloghi vecchi di collezioni che possono essere sparse per tutte le parti, ed ecco ...

Dove lascia quadri così, in cassaforte?[43]
No, nel dimenticatoio![44] Un pochino da mia madre, in altri posti, un po' sparsi.

Sì, ho visto che in casa Sua ha poche cose.
Non ci ho nulla. Non mi piace averla, perché se l'attacco al muro dopo non la stacco più.

Che soddisfazione Le dà quest'attività?
Mi dà moltissima soddisfazione. Quella proprio personale è nel trovare, anche nel guardarla. Però la soddisfazione che ti dovrebbe dare nella vendita, e c'era a un tempo, c'era un ricambio, non ci si preoccupava allora, non c'è più, assolutamente scomparsa.

C'è un alto livello di stress in quest'attività?
Enorme! Perché è come andare a pesca e stai otto ore, dodici ore, venti ore fino ad aspettare un pesciolino! Quindi prendi la canna, la spacchi in due e la butti via! Qui parli di giorni e giorni e mesi, capito? Non sembra stress, ma ti fa impazzire, perché fai due chiacchiere con amici; ma io sto lavorando; se faccio due chiacchiere, benissimo, ma quest'è il mio lavoro.

Altri problemi nel settore?
Il grande problema del settore è uno solo, il problema della Finanza, è la paura di tutti, dal primo all'ultimo degli antiquari, ma non solo fiorentini ma italiani. Hanno paura non di quanto paghi, ma qui ti vengono degli accertamenti,[45] arrivano come pazzi, ti fanno le multe di milioni. Ma non è questo il punto: è se ci chiedessero di più. Io ho

---

[42]*relegated it to oblivion*; [43]*safe*; [44]mettere nel dimenticatoio = *to cast into oblivion*; [45]investigazioni

dodici libri fra cui il libro delle Belle arti in cui devo dichiarare tutto quello che ho portato a far vedere al tribunale, poi quattro licenze! Ma dodici libri in cui devo scriverci tutto dalla mattina alla sera! Io qui ho bisogno di un segretario solamente per questo. Come fai? In America tu vendi l'oggetto, prendi ed esci fuori dal negozio. Qui senza la bolla di accompagnamento[46] ti fanno la multa di mille euro. La bolla non dovrebbe esistere più. L'Italia paga una multa enorme alla Comunità europea perché lo Stato ci fa continuare a fare le bolle di accompagnamento, ciò che non fanno più in tutta la Comunità europea; insomma, son cose fuori dal mondo! In Inghilterra – e anche lì son duri – se vuoi un'attività, domattina la apri. Qui bolli, timbri, certificato penale, storie ... Poi non si può detrarre[47] nulla. Se devi andare a Londra con la macchina per comprare qualcosa, non puoi detrarre nulla. Come si fa? Non è così semplice. Poi ti sentono parlare di cifre reboanti,[48] e allora: 'Ecco il truffatore!'[49] Capito? Però come tutti i commercianti in Italia, credo, parliamo chiaramente, si frega,[50] però si frega in relazione a quello che ci chiedono, perché in relazione a quello che si paga, non freghiamo nessuno. Si paga abbastanza, forse di più di quello che si paga in Francia; non lo so esattamente – si stava parlando ieri – credo siamo a un livello superiore a quasi tutti gli altri stati europei. Quindi si frega, non si paga quello che ci chiedono. Ci sono tasse presunte,[51] è una cosa pazzesca. Poi condoni[52] ogni sei mesi. Lo Stato non può fare un condono quando pensa che le tasse siano giuste. Loro sanno che mettono troppe tasse e per avere ancora qualche soldo in più ti fanno il condono italiano – pauroso – per chi sa che ha fregato, ma anche lo Stato sa che ti deve far fregare altrimenti non si difende dopo. È quasi un accordo comune, un gioco!

I. *Rispondere alle seguenti domande.*

1. Qual è per Piero la passione più importante che deve avere l'antiquario? Cosa diventa secondario?
2. Quali sono le responsabilità che sente per i suoi oggetti?
3. Com'è entrato nell'antiquariato?
4. Che consiglio darebbe a uno che pensa di fare l'antiquario? Perché?

---

[46]documento che dice che l'oggetto è stato venduto legalmente; [47]detrarre = *to deduct from one's taxes*; [48]enormi; [49]chi non paga le tasse (ma dovrebbe); [50]volgare per truffare; [51]*estimated taxes on presumed revenue*; [52]*pardons*

5. Qual è la sua specializzazione? Cosa si trova in quantità nel suo negozio? Perché?
6. Secondo Piero, come bisogna prepararsi per fare l'antiquario?
7. Come impiega il suo tempo libero? Perché?
8. Perché non ci si può affezionare troppo a un oggetto?
9. Perché qualche volta ha regalato un oggetto?
10. Come si stabilisce il valore di un oggetto?
11. Perché una volta ha fatto un errore di valutazione?
12. Cosa pensa del suo rapporto con lo Stato?
13. Cosa ha fatto un suo amico quando si è reso conto di aver comprato dei quadri rubati?
14. Cosa fa Piero per evitare di comprare oggetti che potrebbero essere rubati?
15. Com'è cambiato il mercato dell'antiquariato negli ultimi tempi? Perché?
16. Cosa fa quando trova un quadro molto bello?
17. Com'è riuscito finalmente a identificare un quadro che aveva acquistato?
18. Perché in casa ha pochi oggetti di antiquariato dal suo negozio?
19. Qual è la principale soddisfazione della sua attività?
20. Perché è un'attività molto stressante?
21. Secondo Piero, qual'è il problema più grande nell'antiquariato?
22. Cosa pensa di tutte le pratiche burocratiche che deve svolgere per la sua attività?
23. Perché molti commercianti italiani non pagano tutte le tasse che dovrebbero pagare?

II. *Suggerimenti per elaborazioni orali o scritte.*

A. È d'accordo con Piero che ci sono mestieri ed attività che si possono fare senza passione? Ne dia qualche esempio e poi narri al passato una Sua esperienza con qualcuno che non svolgeva il suo lavoro con passione.
B. Possiede un oggetto a cui è particolarmente affezionato/a? Perché? Cos'è per Lei un oggetto di antiquariato? Ne possiede qualcuno la Sua famiglia? Da dove viene?
C. Secondo Piero il settore dell'antiquariato è in crisi. Conosce altri settori che hanno attraversato o stanno attraversando una crisi? Perché c'era (c'è) la crisi e come ne sono usciti?
D. Immagini di essere uno psicologo e analizzi Piero. Cosa conclude?

E. Con un compagno di classe, si prepari una scenetta da presen-
    tare in classe, considerando bene la conversazione con Piero. Si
    segua questa traccia: Piero ha saputo che uno splendido quadro
    veneziano del Settecento verrà offerto tra un mese a una vendita
    antiquaria. Deciso a fare un affare e ad assicurarsi questo capola-
    voro – la cui esistenza era finora sconosciuta – Piero va dalla pro-
    prietaria, l'anziana contessa Sgambetti Pappone, per convincerla a
    venderglielo. Cosa dice Piero per convincerla? Come risponde la
    contessa per aumentare il valore del quadro? Qual è la reazione di
    Piero? Cosa dice Piero a sua moglie quando scopre che il quadro è
    un falso?

III. *Esercizi.*

A. Volgere al passivo le frasi, senza cambiare il modo e il tempo.

    Esempio: L'onorevole Trombetta ha comprato una statua romana.
    Una statua romana è stata comprata dall'onorevole Trombetta.

1. Il professor Canino ha scoperto un antico vaso cinese.
2. Sembrava che Eugenio avesse capito il valore del quadro.
3. Ogni antiquario rischia molti soldi.
4. È vero che il dottor Sgro acquisterà quel salotto per cento milioni?
5. L'avvocato Tatanka avrebbe venduto un mobile del Settecento al
    ragionier Rignoni.
6. Io pago sempre le tasse.
7. Si dice che i ladri abbiano rubato i candelabri d'argento.
8. La Finanza ti ha dato una grossa multa dopo un lungo accerta-
    mento.
9. Ci meravigliamo che quei commercianti abbiano truffato il go-
    verno.
10. Kazar ha dichiarato che i suoi genitori non avrebbero mai com-
    prato quell'orrendo pollo in bronzo degli anni Cinquanta.

B. La particella *si* può avere un valore passivo davanti a un verbo
    transitivo attivo alla terza persona singolare o plurale, ai tempi
    semplici, in una frase in cui l'agente non viene espresso: *Si con-
    suma molto vino rosso in Francia.* (Molto vino rosso è consumato in
    Francia.) *Si leggono molti libri all'università.* (Molti libri sono letti
    all'università.) A volte (come negli esempi riportati) il *si* potrebbe

anche avere un valore impersonale. Nei tempi composti si usa il verbo *essere* come ausiliare. In quest'uso, il tempo semplice avrà il valore del tempo composto: *Sì è comprato quel vaso cinese.* = *È stato comprato quel vaso cinese.* Riscrivere le frasi usando il *si* passivante, facendo attenzione al tempo della costruzione passiva.

Esempi: Il quadro sarà venduto all'asta.
Il quadro si venderà all'asta.
Quel bronzo è stato comprato a poco prezzo.
Quel bronzo si è comprato a poco prezzo.

1. Le sigarette sono fumate in salotto.
2. Il museo è visitato di giorno.
3. È strano che le tasse non siano state pagate.
4. Bisogna che la licenza per il commercio sia ricevuta entro un giorno.
5. Questi oggetti saranno attaccati al muro della sala da pranzo.
6. Il vino bianco è bevuto freddo.
7. Quella canna da pesca rotta sarà buttata via.
8. Credi che i Carabinieri non siano mai chiamati per piccole cose?
9. Quella scultura è stata dimenticata per molti anni.
10. Una grande paura era sentita in tutta la città.

C. Nei tempi semplici il passivo si può ottenere usando i verbi *venire* o *andare* al posto di *essere*. Con *andare* si indica necessità: *La pizza va mangiata calda* = *La pizza dev'essere mangiata calda.* Volgere le frasi a una forma passiva con *venire* o *andare*, secondo il caso.

Esempi: Quel pacco dev'essere spedito immediatamente.
Quel pacco va spedito immediatamente.
Dubito che Vittorio acquisti mobili antichi.
Dubito che mobili antichi vengano acquistati da Vittorio.

1. L'antiquario valuta quell'opera mezzo miliardo.
2. Sono argenti che dovrebbero essere messi sul mercato subito.
3. È assurdo che il barone di Panicuocolo venda la collezione di francobolli.
4. Ho pensato che quei vasi dovessero essere ricambiati con dei pezzi più eleganti.
5. Anche se facessero un'asta per tutte quelle opere d'arte, nessuno potrebbe permettersi di spendere i milioni necessari.

6. Il catalogo della mostra sarebbe pubblicato a novembre.
7. Il critico Sgarbi dice delle cose incredibili.
8. Il condono dovrà essere riconsiderato.

D. Nelle frasi seguenti, indicare se la particella *si* ha funzione passivante, riflessiva, impersonale o passivante-riflessiva. In alcuni casi può avere più di un significato.

1. Si sono dimenticati di andare in tribunale.
2. Si sono ammirati molti capolavori d'arte trecentesca.
3. Dopo una lunga ricerca si è capito che il quadro era un falso.
4. Ci si mette la camicia bianca con l'abito scuro.
5. Dopo il restauro del dipinto ritrovato, si festeggerà al ristorante.
6. Si pagheranno meno tasse dopo la riforma.
7. Queste statuine in gesso di Biancaneve e i sette nani non si venderanno mai.
8. Tutti questi orologi antichi si possono trovare nel catalogo della mostra.
9. Come si fa un buon affare?
10. Facendo il restauratore si guadagna un ottimo stipendio.

Dodicesima conversazione: Stefano

STEFANO, *rappresentante*,[1] *è scoraggiato per la situazione economico-politica in Italia.*

SCHEDA DI CULTURA: L'economia italiana.

L'economia italiana presenta alcune caratteristiche che la rendono diversa dalle altre potenze economiche mondiali. Prima di tutto, lo sviluppo industriale in Italia è cominciato tardi, con un aumento eccezionale della produzione industriale avvenuto durante il 'Miracolo economico'[2] degli anni Cinquanta e i primi anni Sessanta. Una seconda caratteristica è la forte presenza di aziende piccole, con meno di 250 dipendenti, spesso a conduzione familiare. Un altro fenomeno caratterizzante dell'economia italiana è la cosiddetta economia sommersa, che produce beni di consumo ma evade controlli e non paga le tasse: come per dire, non esiste sulla carta. Per finire, l'economia italiana ha ereditato dal fascismo la partecipazione dello Stato in moltissime aziende e industrie. Anche se è in corso la privatizzazione della aziende di Stato, c'è ancora molta strada da fare prima che cessino l'inefficienza, lo spreco[3] e l'eccesso burocratico di questo sistema. Tra le prime sette potenze economiche al mondo, l'Italia si sta adeguando[4] agli effetti della globalizzazione. Quei settori che hanno costi troppo elevati per il mercato mondiale (come l'abbigliamento e le calzature[5]) cominciano a spostare la produzione nei paesi che possono garantire manodopera a costi più contenuti, creando così una nuova difficoltà per l'economia italiana.

Come è entrato nelle vendite di macchine per l'imballaggio?[6]
Ci sono entrato perché alla fine del servizio militare mio padre mi propose di aprire una piccola ditta per fare le etichette,[7] qualcosa di ine-

---

[1]*sales representative*; [2]Così viene chiamato il periodo di eccezionale espansione industriale avvenuto negli anni Cinquanta e primi anni Sessanta; [3]*waste*; [4]adeguarsi = *to adjust*; [5]scarpe; [6]*industrial packaging*; [7]*labels*

rente all'imballaggio. Era un lavoro impegnativo[8] anche perché non avevamo molta esperienza. Dalle etichette sono passato alle attrezzature, e sto continuando a farlo.

Com'è venuta quest'idea?
In verità è venuta da mio zio che faceva il rappresentante, e quindi io ho una tradizione di rappresentanti perché mio nonno era un rappresentante di una banca. Mio zio era rappresentante e subentrò[9] al posto di mio nonno. Mio padre lo è diventato per necessità a metà della sua vita e poi successivamente questo mio zio aveva la rappresentanza di macchine per produrre le etichette, e propose di fare la società a mio padre acquistando la macchina e di fare una piccola azienda.

Un'azienda familiare allora?
Un'azienda familiare che ha avuto una vita molto breve!

Perché breve?
Breve perché è durata un anno; dopodiché ognuno ha deciso di fare il proprio lavoro: sono tornati a fare i rappresentanti come facevano prima.

Si lavora bene in Italia?
Siamo in una fase transitoria. Bisogna ricordare che l'Italia, non avendo materie prime,[10] si basa soprattutto su manufatti che riesporta a sua volta. Quella che poteva essere una ricchezza, l'agricoltura, è stata quasi distrutta. Sì, abbiamo prodotti trainanti[11] come l'olio e il vino, ma mentre il vino continua ad avere un bel successo, l'olio rimane difficile da produrre: conviene più importarlo da terzi paesi dove la manodopera costa molto meno che in Italia e eventualmente confezionarlo ed etichettarlo come prodotto italiano.

Dunque la manodopera è un problema che incide[12] sull'andamento del lavoro in Italia, sull'occupazione?
Sul costo sì, incide molto. Al livello qualitativo bisogna dividere in settori, che sono divisi anche a fasce[13] territoriali. Il Nord è stato prettamente industriale da dopo la Prima guerra mondiale in avanti. La fascia centrale diciamo si è basata sul piccolo e medio artigianato. E

---

[8]difficile; [9]ha sostituito il nonno; [10]materie dalla natura che vengono lavorate; [11]i prodotti più importanti di un settore; [12]ha un effetto; [13]in questo senso, *belts* (e.g., *Sun Belt*)

dal Lazio[14] in giù, con la morte dell'agricoltura dopo la Seconda guerra mondiale, c'è sempre stato qualcosa legato a un impiego[15] statale, qualche cosa che rendeva relativamente, però doveva garantire un minimo salariale. Per questo motivo si è ricorso a strategie come la Cassa per il Mezzogiorno,[16] contributi da parte delle banche perché aziende del Nord investissero nel Sud, scontrandosi[17] però con mentalità particolari perché un operaio della Brianza[18] lavora con altri ritmi, con altri criteri che non persone della Lucania[19] o della Calabria[20] abituati fino a quel momento a vivere di sussidi di stato, a doversi creare uno spazio nell' industria e lavorare a certi ritmi.

Perché in Italia è difficile rendere il lavoro più produttivo?
Lo rende difficile il dover cambiare mentalità a una classe operaia che è stata abituata ad avere un lavoro sicuro e garantito, non al livello qualitativo, ma al livello quantitativo.

Quali sono le soddisfazioni di lavorare in Italia? A volte sembra si parli soltanto di difficoltà, di intralci [21]burocratici.
Ultimamente grandi soddisfazioni non ce ne sono; personalmente me ne sono venute sempre meno. In altri periodi c'erano fasi di stanchezza legati a settori particolari come quello del tessile, come quello dell'abbigliamento, come quelli dell'auto, che risentendo anche di recessioni in mercati esteri si ripercuotevano[22] in Italia. Però erano sempre fasi che potevano durare per qualche mese con poi riprese. Ora ci sono problemi in quello che forse è il nervo, l'ossatura principale dell'Italia, che sono le piccole e medie aziende, l'artigianato, che avrebbero anche dei vantaggi nell'esportazione per la valuta.[23] Ma gli oneri[24] fiscali, i contributi assicurativi ai propri dipendenti hanno reso il lavoro abbastanza improbo[25] per aziende che hanno magari dieci-dodici dipendenti, dodici operai. Ora si assiste a tanti casi di chiusura di aziende. Un imprenditore arrivato a 55-60 anni che si è creato l'azienda da sè, non avendo soddisfazioni, ma dovendo continuare a lavorare per compensare gli stipendi con i ricavi dalla vendita del suo prodotto, chiaramente smette: si autopensiona, come si dice. E vanno magari a sparire delle aziende sane; sane dal punto di vista di capitali.

---

[14]regione il cui capoluogo è Roma; [15]lavoro; [16]ente di governo che ha promosso lo sviluppo del Sud dal 1950 al 1986, ma, secondo alcuni, con risultati insoddisfacenti; [17]trovando difficoltà; [18]zona della Lombardia; [19]nome antico (ripreso dal 1932–45) della Basilicata, regione nel meridione dell'Italia; [20]regione nella punta del meridione dell'Italia; [21]ostacoli, difficoltà; [22]avere una ripercussione, avere un effetto; [23]la moneta di una nazione; [24]responsabilità fiscali, tasse e contributi vari; [25]poco redditizio, basso profitto

Come è stato creato il sistema di contributi[26] per i lavoratori, un costo che incide molto sulla competitività di una azienda?
Dovendo garantire il lavoro a tutti e non avendo questo passato di grossa industrializzazione; in Italia siamo – in questo senso – piuttosto giovani.[27] Invece era abbastanza radicato il concetto borbonico[28] dell' impiegato che doveva girare le carte dalla mattina alle otto fino alle due, e dalle due in poi a volte si arrangiava[29] e si inventava un lavoro. Il lavoro principale, quello che lo destinava alla pensione, era però negli uffici. Chiaramente, l'impiegato nell'azienda diceva: 'Anch'io voglio avere gli stessi diritti.' E quindi le battaglie sindacali sono state fatte anche per parificare:[30] anche se forse non ci sono mai riusciti, forse ci stanno riuscendo ora con il lavoro part-time e altre cose. Si è sviluppata una serie di privilegi e garanzie, così che una volta assunto un operaio, anche se questo non rendeva,[31] non lo si poteva licenziare[32] per accordi sindacali ben precisi. Quindi avendo questa sicurezza, l'operaio non è che si spingesse al massimo o lavorasse di più per ricevere dei premi di produzione o avesse diritto ad un avanzamento. Gli veniva garantito il minimo e si accontentava, e l'imprenditore ha uno svantaggio.

Oggi, per esempio, si legge che nel Bellunese,[33] nel Veneto,[34] non si riesce a trovare manodopera, si ricorre a lavoratori extracomunitari, mentre in Campania e in Calabria esiste una disoccupazione che sfiora il 25%.
È come fare un paragone tra il terremoto del Belice[35] e il terremoto in Friuli:[36] in Friuli hanno ricostruito nel giro di un anno e mezzo, e in Sicilia sono ancora a dormire nei container.[37]

Perché pensa che ci sia questa differenza?
È culturale. Il discorso del Veneto è anche questo: che nel Veneto c'è tutta una miriade di piccole e medie aziende a prescindere[38] dalla Lu-

---

[26]Ciò che il datore di lavoro paga per l'assistenza sanitaria, la pensione, ecc. del lavoratore. Negli Stati Uniti questi costi incidono sul 25% circa dello stipendio; in Italia quasi il doppio; [27]Ricordare che l'Italia si è industrializzata soprattutto negli anni Cinquanta-Sessanta, durante il cosiddetto 'miracolo economico'; [28]I Borboni erano i re di Napoli dal 1735 fino al 1860. Il Regno di Napoli si unificò con quello della Sicilia nel 1816, diventando il Regno delle Due Sicilie, comprendendo tutta la penisola dal basso Lazio e la Sicilia; [29]improvvisava; [30]per rendere più simile la condizione degli operai a quella degli impiegati; [31]non era produttivo; [32]mandare via levandogli il lavoro; [33]la zona intorno alla città di Belluno; [34] regione nel nord-est dell'Italia, il cui capoluogo è Venezia; [35]paese in Sicilia; [36]regione nel nord-est dell'Italia (più propriamente, Friuli-Venezia Giulia), confinante con la Slovenia e l'Austria. Il capoluogo è Trieste; [37]sorta di abitazione temporanea prefabbricata; [38]senza considerare

xottica[39] che ha fatto il declamato salto negli Stati Uniti. Ma la Luxottica non è altro che la punta dell'iceberg che denota una situazione che da tanti anni si stava verificando nel Veneto: in piccole aziende al livello familiare – magari tre o quattro persone – che lavoravano per fare un certo tot[40] di montature.[41] Quindi prima c'era una miriade di marchi,[42] marchettini, marchi vari che successivamente sono confluiti nella grossa azienda. La Luxottica poi è cresciuta come global; si basa anche su molti terzisti[43] che gli fanno la montatura di un tipo, gli fanno la saldatura[44] di un altro, lo stampo[45] di un altro ancora. Avendo questo boom, i posti sono in continua ascesa e continuano ad essere ricercati. Chiaramente ci vuole la manodopera, non dico specializzata, ma dieci anni di un lavoro del genere bisogna che uno lo abbia saputo fare. L'operaio della Calabria – con la sua specializzazione che è sempre stata quella di fare il muratore – egli rimane un attimino in più a confezionare le scatole di occhiali o di lenti. Siamo chiari: non per colpa sua ci metterebbe mezz'ora con un incremento di costi non soddisfacenti, mentre l'operaio del Veneto ci impiega dieci minuti. Allora gli imprenditori magari preferiscono prendere gente che viene dall'ex Jugoslavia, dall'est europeo, gente che praticamente è digiuna[46] sia di lavoratori di muratura, sia di lavoratori d'idraulica. Erano quasi tutti impiegati statali, quindi partono praticamente da zero e li puoi istruire abbastanza bene.

Cosa cambierebbe nel lavoro in Italia?
In prima persona, aumentare un rendimento del lavoro per me, che sarebbe molto soddisfacente! Sarebbe piuttosto lavorare con tante piccole medie-aziende invece di lavorare con un'azienda sola, grande, la quale condiziona il tuo prezzo al suo. E poi ti impone delle consegne,[47] ti impone dei ritmi che a volte ti mettono in crisi, come mettono in crisi tante aziende che lavorano esclusivamente per conto di queste grandi aziende, perché se il mercato va, queste aziende producono tutte, però se non va, le prime a bloccarsi o chiudere sono proprio le piccole e medie aziende. E questo, purtroppo, anche per colpa delle banche: le banche non hanno mai fatto una politica di incentivi per la piccola e media azienda; l'hanno fatta unicamente nei confronti delle grosse aziende che sono soprattutto società finanziarie: cioè sono banche che sfruttano altre banche. Così il piccolo imprenditore che ha dieci, dodici operai, non ha le condizioni, la forza contrattuale per andare a una banca per

---

[39]importante azienda italiana produttrice di lenti e di montature per occhiali; [40]quantità; [41]*frames*; [42]*labels, brands*; [43]*subcontractors*; [44]*soldering operation, joining by heat*; [45]*mould*; [46]mancano del tutto questi tipi di lavoratori; [47]*deliveries*

chiedere un mutuo[48] annuale o quinquennale, se non pagandolo a prezzi esagerati. E quindi le condizioni per lui diventano sempre più precarie.

Non sarebbe difficile lo spostamento verso aziende piccole e medie, vista la tendenza che sembra favorire sempre più le grandi aziende?
Infatti: le aziende importanti ora sono quelle che influenzano anche al livello politico le scelte economiche di una nazione. Purtroppo non è facile per gli altri in quanto non ci sono grandi scuole di manager a prescindere da quelle poche famiglie le quali hanno finanziarie[49] e sono padrone di banche, sono padrone di sistemi di informazione, giornali, di televisione e altre cose; dunque in grado anche di spingere al momento gli indirizzi, le tendenze, anche se a volte sono fittizi.[50] Il piccolo e il medio non ha voce in capitolo, non è agevolato.[51] E purtroppo succede che se la grossa azienda decide per motivi suoi di costruire uno stabilimento all'estero, e poi eventualmente destinare parte della sua produzione in Italia, è chiaro che tutto un lavoro viene a mancare qua.

Ma il piccolo e il medio si rivolge soprattutto a un mercato interno?
No, non esclusivamente. L'ottanta per cento lavora anche con l'estero.

Da un punto di vista anche politico, quali modifiche migliorerebbero la situazione?
Un sistema politico molto più leggero, molto più flessibile, con meno frammentazioni, con l'alternanza ai governi, tipo quelli anglosassoni o francesi, dove alla fine di un mandato, se uno non ha fatto bene il proprio lavoro viene sostituito. Inoltre con degli organi d'informazione che facciano veramente informazione a tutti i livelli, sia economici che politici.

Perché dice: 'organi che facciano veramente informazione?' Non c'è abbastanza informazione?
Ce n'è troppa e molto spesso pilotata, perché fa capo sempre a questi grossi gruppi economico-finanziari, e quindi diciamo che i giornali sono un po' legati a quello che dice il padrone. *La Repubblica* è di proprietà del gruppo De Benedetti,[52] che ha i suoi interessi economici e finanziari. *Il Corriere della Sera*, anche quello un grosso quotidiano, è

---

[48]prestito; [49]società finanziarie; [50]non vere, non reali; [51]non viene aiutato; [52]Carlo De Benedetti, importante imprenditore italiano

legato al gruppo di Agnelli:[53] quindi si parla sempre di conflitti. Non parliamo poi di Berlusconi![54]

Un italiano cosa deve fare per avere delle informazioni che non siano pilotate?
Se ne avesse il tempo dovrebbe leggere il più possibile e poi farsene un idea per conto suo, magari confrontandosi anche con l'avversario.

In quanto all'auspicio di un governo più leggero, negli ultimi tempi sono aumentate le formazioni politiche. Non sembra che si vada nella direzione opposta?
Sì, forse è il colpo di coda[55] finale del vecchio sistema politico, perché ben che ne dicessero, fuori dalla Prima repubblica[56] non ci siamo ancora, è tutto da inventare. C'è ad esempio una legge elettorale ancora molto criticata, molto discutibile in quanto un ramo del parlamento lo si elegge in un modo, l'altro ramo del parlamento si elegge in un altro modo; i consigli comunali, il sindaco si eleggono in un altro modo: è diverso dal sistema politico normale! Si parla anche di riforme costituzionali perché ormai la nostra costituzione comincia a essere abbastanza sorpassata. Chiaramente certi principi e valori non devono essere toccati; però una certa elasticità che è negli interessi di tutti, sia dell'opposizione che di quelli che dovrebbero governare, porterebbe indubbiamente a semplificare le cose, a ridurre il numero dei partiti, a creare effettivamente un gruppo che faccia opposizione in parlamento e un gruppo che sia al governo. Inoltre dovrebbe essere un qualchecosa di più leggero dal punto di vista di cariche politiche e soprattutto cariche come oneri fiscali, tasse, gabelle, balzelli.[57] Ma che nello stesso tempo avesse le capacità di impedire mercati chiusi dove un Agnelli si permette di determinare lui il prezzo delle automobili – non esiste in altre parti del mondo – perché lui, le leggi antitrust non le conosce neanche; e gliel'hanno potuto permettere.

Che cosa si intende per 'fine della Prima repubblica'?
Molti hanno pubblicizzato l'avvento di Berlusconi al potere come l'ini-

---

[53]La famiglia Agnelli, il cui capostipite Giovanni (1866–1945) fondò la casa automobilistica FIAT, è da sempre attiva nella gestione di quest'azienda e ha una molteplicità di attività finanziarie; [54]L'imprenditore Silvio Berlusconi è proprietario della casa editrice Mondadori, diversi canali televisivi ed altri media. È stato presidente del Consiglio nel 1993–94 e lo è di nuovo dal 2001; [55]l'ultimo segno di vita, anche per causare danni; [56]Così ci si riferisce al sistema politico italiano dal dopoguerra al 1993, quando lo scandalo noto come Tangentopoli portò alla luce un'estesa corruzione che determinò una serie di riforme politiche; [57]tasse e ancora tasse

zio della Seconda repubblica, ma si trattava soprattutto di rompere un vecchio sistema per cui tanto veniva reclamizzato il fatto della Democrazia cristiana che governava da oltre quarant'anni, dove c'era in contrapposizione un forte Partito comunista che era il più grosso partito comunista europeo a occidente, e portava come linea di demarcazione l'Italia tra la NATO e i governi occidentali, al sistema socialista dell'Est. Quindi facevamo un po' da barriera frangiflutti[58] tra l'uno e l'altro, ricevendone benefici dagli uni e dagli altri. Comunque il gran burattinaio[59] era sempre chi era importante nella Dc. Crollando tutto questo, è finita la Prima repubblica, e ora si comincia con sistemi nuovi, ma nuovi relativi perché chi non è stato mandato in galera[60] per la faccenda di Mani pulite[61] è ritornato in circolazione candidandosi in altri partiti, a cominciare dal nostro ex sindaco che era socialista e poi si è candidato con Forza Italia. Quindi il sistema di riciclaggio a noi non ce lo insegna nessuno.

Se Le venisse una offerta di lasciare l'Italia per motivi di lavoro?
Lo farei volentieri, specialmente in un paese come la Francia.

Quali sarebbero i vantaggi della Francia?
Hanno forse un senso più spiccato della nazione. È vero che ci sono indubbiamente le zone nord, centro, sud, con Parigi che fa storia a se stante. Però questo spirito nazionale uno lo sente ed è sentito. Questo in Italia non c'è: siamo troppo frammentati, siamo sempre stati legati ai piccoli comuni, alle piccole città, alle piccole ideologie di quartiere. Qui litighiamo tra condominio e condominio, tra abitazione e abitazione; anche a un certo punto per un cassonetto della spazzatura[62] che si stabilisce utile per un condominio di quattro famiglie, però dibattiamo sul posto, la collocazione del cassonetto, perché quello non lo vuole sotto le finestre, perché quello lo trova antiestetico, perché quello lo trova giallo, io lo vorrei tondo: ciò non porta vantaggi. E questo nel piccolo; figuriamoci nel grande!

Sembra pessimista!
Come iniziative individuali, personali, di intelletto, penso che non ci sia da esser pessimisti. Cioè l'italiano, comunque sia, riuscirebbe sempre a cavarsela,[63] in tutte le situazioni. Dal punto di vista di lavoro, onesta-

---

[58]*breakwater;* [59]*puppeteer;* [60]prigione; [61]L'inchiesta giudiziaria cominciata nel 1992 che ha scoperto un vasto giro di corruzione ai livelli più alti del mondo politico-finanziario italiano; [62]*dumpster;* [63]*to manage*

mente, mi trovo all'opposto. Sono pessimista perché troppe aziende, una dopo l'altra, vanno a far parte di gruppi multinazionali esteri. Questi sono arrivati in Italia perché investono nelle capacità e risorse intellettuali che hanno gli italiani, per comprare brevetti,[64] per comprare marchi, per comprare linee di produzione.

Non crede che la crescita del potere delle multinazionali sia una tendenza irreversibile?
Credo che si possa fare ben poco perché ormai si fa parte di un mercato unico. Quindi si impone che pur avendo le mucche, tu debba comprare il latte dall'Olanda, e sei costretto a farlo perché sono regole che tu stesso hai sottoscritto, non puoi ribellarti. È lo stesso discorso per le industrie: a un certo punto si stabilisce che la quota di mercato dell'auto giapponese deve salire negli anni a venire, perché non è giusto che ci siano frontiere chiuse quando si parla di liberalizzazione di mercato al livello mondiale. Dunque anche questo si rifletterà sull'economia interna, a meno che i cinesi dalla sera alla mattina si sveglino e vogliano andare tutti con la Punto,[65] allora è un altro paio di maniche![66]

Quindi le Sue proccupazioni sono soprattutto motivate da come vede il quadro economico, lo sviluppo dell'economia?
Certo, anche perché poi me ne rendo conto anche dai giovani stessi: sono poco motivati. A trovare lavoro, a trovare nuove iniziative non sono certo spinti. E poi lo sperone[67] c'è poco perché la scuola ti diceva: 'No, ma tu stai nell'università fino a 25–26 anni, poi si vedrà.' Però siamo arrivati all'assurdo d'avere un medico ogni cento pazienti, un rapporto che dopo si è dovuto purtroppo cambiare. Oggi i giovani si chiudono sempre di più in famiglia per avere quelle sicurezze che all'esterno non sempre ci sono. Il lavoro c'è, ma meno rispetto a prima, quindi c'è più difficoltà. E poi ci sono gl'immigrati che si prestano a fare lavori considerati umilianti, faticosi: allora vengon via i lavori di imbianchino,[68] vengon via i lavori dove non occorre aver studiato ingegneria o meccanica. Per trovare un lavoro, un giovane deve anche dimostrare spirito di iniziativa, volontà di aggiornarsi quotidianamente; non è che uno possa stare fermo. Se un giovane vuole uscire di casa per crearsi una sua indipendenza economica ed eventualmente crearsi una famiglia, dovrà adattarsi a fare un lavoro, comunque sia. Per esempio,

---

[64]*patents;* [65]*una piccola automobile costruita dalla FIAT;* [66]*una cosa o questione completamente diversa;* [67]*spur;* [68]*house painter*

mio cognato è laureato in economia e commercio, però fa il piazzista[69] come me: vende case.

Lascerebbe Firenze per una delle grandi città del Nord, Milano o Torino, più proiettate verso l'Europa?
Forse Milano, ma credo che il grande flusso di emigrazione interna sia finito! E poi è stato un fallimento: non si può sradicare una persona dalle sue radici culturali e farla piombare in una città dove vivi su 365 giorni, 200 dentro la nebbia, in catena di montaggio, solamente dandogli la garanzia del posto sicuro e dell'orario sicuro. Si va lì e si lavora dalle otto a mezzogiorno e dalle due alle sei. Mentre in campagna la vita è anche forse più dura: ti alzi prima ancora che nasca il sole, i lavori sono legati ai cambiamenti del tempo. Il tipo di coltivazione è cambiata: prima piantavi il grano, poi il grano non rende più, pianti il girasole[70] e tutte queste altre cose. Ci vuole la tradizione, ci vuole la cultura, ci vuole il sacrificio. Purtroppo, una generazione, due generazioni hanno lasciato i campi e lì non glielo insegnerà più nessuno. Non sapranno che se tu metti un seme in terra e gli fai guardare la luna vuol dire far nascere la pianta o non farla nascere. Non te le insegnano ad Agraria,[71] queste cose. Ad Agraria ti insegnano come è fatto un motore agricolo, come è fatta una pompa, queste cose qua. Io, girando anche per le cantine, ho visto dei gran periti[72] che hanno fatto agraria all'università, che sanno tutto di biologia, di macrobiologia, di veterinaria e tutto; però quando devono andare a fare l'ispezione dei terreni, si portano dietro il contadino.

È l'esperienza che insegna tutto?
Sì, ed è fondamentale conservare la propria identità.

I.   *Rispondere alle seguenti domande.*

1.   Com'è entrato Stefano nelle vendite di macchine per imballaggio?
2.   Perché dice che l'Italia si trova in una fase transitoria?
3.   Perché al livello qualitativo bisogna dividere il lavoro in Italia in settori e a fasce territoriali?
4.   Perché, secondo Stefano, è difficile rendere il lavoro più produttivo in Italia?

---

[69]rappresentante di vendite, ma il termine non è positivo; [70]*sunflower*; [71]facoltà universitaria dove si studiano scienze agricole; [72]esperti

5. Quali sarebbero le cause delle difficoltà che l'Italia sta attraversando nel lavoro?
6. Che cosa sono i contributi per i lavoratori?
7. Come è stato creato il sistema di contributi?
8. Hanno sempre un buon effetto le garanzie di cui beneficiano i lavoratori in Italia?
9. Perché, secondo Stefano, c'è disoccupazione nel Sud mentre mancano lavoratori in alcune parti del Nord?
10. Cosa dimostra l'esempio della Luxottica?
11. Cosa vorrebbe cambiare nel lavoro in Italia?
12. Come riescono certe aziende ad influenzare al livello politico le scelte economiche dell'Italia?
13. Quali cambiamenti nel sistema politico italiano potrebbero migliorare la situazione?
14. Perché pensa che l'informazione in Italia non sia attendibile? Cosa dovrebbe fare un italiano per tenersi informato?
15. Perché pensa che, benché ci siano stati cambiamenti dopo l'indagine di Mani pulite, il vecchio sistema politico non è ancora del tutto cambiato?
16. Che tipo di sistema politico preferirebbe?
17. A che cosa si riferirebbe il termine 'Prima Repubblica'?
18. Perché la Democrazia cristiana ha avuto un ruolo importante fino ai primi anni Novanta?
19. Secondo Stefano, quale sarebbe una grande differenza fra la Francia e l'Italia?
20. Per che cosa e` ottimista? E su che cosa rimane pessimista? Perché?
21. Cosa pensa delle giovani generazioni?
22. Perché sarà più difficile trovare lavoro?
23. Sì può sostituire l'insegnamento all'esperienza?

II. *Suggerimenti per elaborazioni orali o scritte.*

A. Alla fine della conversazione Stefano dice: 'È fondamentale conservare la propria identità.' Alla luce di ciò che ha detto, commenti questa sua affermazione.
B. In fin dei conti, pensa che Stefano sia pessimista o ottimista? Perché? Dia esempi concreti per giustificare il Suo punto di vista. Usi almeno quattro esempi di congiunzioni con il congiuntivo: *sebbene, benché, anche se, purché, nonostante, a meno che non, affinché, di modo che, quantunque.*

C. Rilegga la conversazione con Lelio: cosa hanno in comune Lelio e Stefano? C'è anche qualche differenza importante? Citi degli esempi concreti, facendo attenzione all'uso del comparativo.

D. Elenchi almeno quattro opinioni di Stefano enunciate nella conversazione. Per ognuno spieghi perché è d'accordo o non è d'accordo, facendo attenzione all'uso del congiuntivo.

E. Con un compagno di classe, si prepari una scenetta da presentare in classe, considerando bene la conversazione con Stefano. Si segua questa traccia: Stefano vorrebbe che Lorenzo cominciasse a lavorare e gli spiega le sue ragioni. Come cerca di convincere il figlio? Come rifiuta Lorenzo le ragioni del padre e cosa dice per fargli perdere la pazienza? Avendo perso la pazienza, come risponde Stefano al figlio? Cosa dice Lorenzo per fare pace con suo padre? Qual è la reazione di Stefano?

III. *Esercizi.*

A. Riscrivere le frasi sostituendo il gerundio a uno dei verbi coniugati. Ricordi di eliminare i vocaboli che non servono.

Esempi: Il proprietario della fabbrica, dopo che aveva sostituito i vecchi impianti di produzione, ha aumentato i profitti.
Il proprietario della fabbrica, avendo sostituito i vecchi impianti di produzione, ha aumentato i profitti.
Quando pensa a Giulietta, Romeo sente una dolcezza al cuore.
Pensando a Giulietta, Romeo sente una dolcezza al cuore.

1. L'Italia, che non ha materie prime, si basa soprattutto su manufatti che poi vengono esportati.
2. La Cassa per il Mezzogiorno non aveva previsto che le aziende del Nord che investivano nel Sud si sarebbero scontrate con mentalità particolari.
3. Alcuni settori, come quelli dell'auto che risentivano anche di fasi recessive in mercati esteri, sentivano ripercussioni anche in Italia.
4. Un imprenditore che si è creato un'azienda, che poi non ha soddisfazioni, che deve continuare a lavorare per compensare gli stipendi con i ricavi della ditta, a un certo punto smette.
5. Quando coincidono tutta una serie di privilegi e garanzie che impediscono all'imprenditore qualsiasi tipo di iniziativa, il lavoratore, anche quando non rende, diventa intoccabile, non si può licenziare.

6. Il piccolo imprenditore che ha pochi impiegati e un fatturato minimo non ha la forza contrattuale per chiedere un mutuo più vantaggioso.
7. Per essere informati si dovrebbe leggere il più possibile, e allo stesso tempo ci si confronta anche con chi la pensa in modo diverso.
8. Nel periodo della guerra fredda, l'Italia faceva da barriera frangiflutti tra i governi occidentali e il sistema socialista dell'Est, mentre ne riceveva benefici dagli uni e dagli altri.
9. Quando è crollato il predominio della Democrazia cristiana, comincia la fine della Prima repubblica.
10. Anche se vanno bene tante piccole-medie aziende, si trovano spesso fagocitate da gruppi multinazionali esteri.

B. Scegliere tra l'infinito e il gerundio, secondo il caso.

1. Gli piace *fare/facendo* il rappresentante di cibo per cani.
2. *Trovare/Trovando* un nuovo lavoro è stata un'impresa difficile che ha voluto molto tempo.
3. Dopo *aver guadagnato/avendo guadagnato* qualche miliardo, l'ingegner Porceddu andrà in pensione.
4. Prima di *pagare/pagando* i contributi per i lavoratori, l'imprenditore deve informarsi sulle sue responsabilità.
5. Alla fine dell'anno si sono ritrovati senza denaro per *aver dato/ avendo dato* tutto al fisco.
6. *Esserci/Essendoci* uno sciopero, la ditta ha chiuso per qualche mese.
7. Poiché Zsapka non si presentava in ufficio da due settimane, aveva paura di *essere licenziata/essendo licenziata*.
8. Sembra che *lavorare/lavorando* in Italia sia più stressante che in America.
9. È meglio *confrontarsi/confrontandosi* con chi ha opinioni diverse dalle nostre invece di *rimanere/rimanendo* zitti.
10. *Avendo cominciato / Aver cominciato* a cercare un posto di lavoro a ventisei anni è stato un problema per Rudolf.

C. Scrivere l'equivalente in italiano, facendo attenzione al gerundio e all'infinito del verbo.

1. Succeeding in finding a full-time job before age twenty-five is not easy.

2. She likes teaching Italian.
3. Earning more and working less is their dream.
4. By changing his point of view, he became more optimistic.
5. They were fired after having complained to the owner.
6. While going to the factory, Santino thought he would change his life.
7. Having found that their salaries were too low, the employees decided to strike.
8. Being a sales representative gives me great satisfaction.

D. Scrivere il modo e tempo opportuno del verbo in parentesi (i.e. Indicativo, Congiuntivo, Condizionale; presente, passato, imperfetto, futuro, ecc.).

1. Mi pare che in Italia la produzione dell'olio d'oliva a buon prezzo (rimanere) _____ difficile.
2. Poiché la classe operaia non (potere) _____ facilmente cambiare mentalità, il lavoro continuerà ad essere poco produttivo.
3. Il signor Vincisgrassi ha chiesto che i suoi dipendenti (rinunciare) _____ alle ferie.
4. Se Enrico e Crescenza vorranno la loro indipendenza economica, (dovere) _____ adattarsi a un lavoro qualsiasi.
5. Voi siete gli unici laureati di quest'università che non (avere) _____ un buon impiego.
6. È sempre stato vero che gli anziani (credere) _____ che il passato (essere) _____ meglio del presente.
7. Saremmo disposti ad appoggiare le vostre scelte se voi (promettere) _____ di essere onesti con noi.
8. Ho visto un immigrato che (vendere) _____ accendini e fazzoletti davanti al bar.
9. L'altro giorno, tu finalmente (prendere) _____ quel posto di imbianchino che il signor Cavallo ti (offrire) _____ la settimana prima.
10. Era incredibile che Maynard (continuare) _____ a studiare l'aromaterapia mentre c'era uno spaventoso tasso di disoccupazione.